**Dados Internacionais de Catalogação na Publicação (CIP)**
**(Câmara Brasileira do Livro, SP, Brasil)**

Rabelais, François (Espírito) .
Infância e mediunidade : as dificuldades originadas pelo desconhecimento de nossa relação constante com os espíritos / ditado por François Rabelais; [psicografado por] Rafael de Figueiredo. -- Catanduva, SP : Boa Nova Editora, 2011.

**ISBN 978-85-99772-88-1**

1. Espiritismo 2. Psicografia 3. Romance espírita I. Figueiredo, Rafael de II. Título.

11-09815                                                                                       CDD-133.9

**Índices para catálogo sistemático:**
1. Romance espírita : Espiritismo 133.9

**Impresso no Brasil/*Presita en Brazilo/Printed in Brazil***

Rafael de Figueiredo
Pelo espírito François Rabelais

# infância e mediunidade

As dificuldades originadas pelo desconhecimento de nossa relação constante com os espíritos.

Instituto Beneficente Boa Nova
Entidade coligada à Sociedade Espírita Boa Nova
Av. Porto Ferreira, 1.031 | Parque Iracema
Catanduva/SP | CEP 15809-020
www.boanova.net | boanova@boanova.net
Fone: (17) 3531-4444

2ª edição
3.000 exemplares
Do 10º ao 13º milheiro
Maio/2016

© 2012 - 2016 by Boa Nova Editora

**Capa**
*Direção de arte*
Francisco do Espírito Santo Neto
*Criação*
Tutano Design Editorial

**Diagramação**
Tutano Design Editorial
Juliana Mollinari

**Revisão**
Mariana Lachi
Maria Carolina Rocha

**Coordenação Editorial**
Ronaldo A. Sperdutti

Todos os direitos estão reservados.
Nenhuma parte desta obra pode ser reproduzida
ou transmitida por qualquer forma e/ou quaisquer
meios (eletrônico ou mecânico, incluindo fotocópia e
gravação) ou arquivada em qualquer sistema ou banco
de dados sem permissão escrita da Editora.

O produto da venda desta obra é destinado à
manutenção das atividades assistenciais da Sociedade
Espírita Boa Nova, de Catanduva, SP e do Instituto
Educacional Espírita de São Leopoldo, RS.

**1ª edição**: Outubro de 2012 - 10.000 exemplares

# Sumário

| | | |
|---|---|---|
| | Apresentação | 7 |
| 1 | Uma mediunidade em descontrole | 11 |
| 2 | Surge uma esperança | 39 |
| 3 | Dificuldade de aprendizagem | 59 |
| 4 | Em ambiente escolar | 75 |
| 5 | Compreensão limitada | 85 |
| 6 | Influências vibratórias | 109 |
| 7 | Esclarecimentos oportunos | 127 |
| 8 | A explanação de Cristóvão | 137 |
| 9 | Acompanhando a orientação mediúnica | 159 |
| 10 | Em visita à enfermaria | 185 |
| 11 | Apreciações finais | 205 |

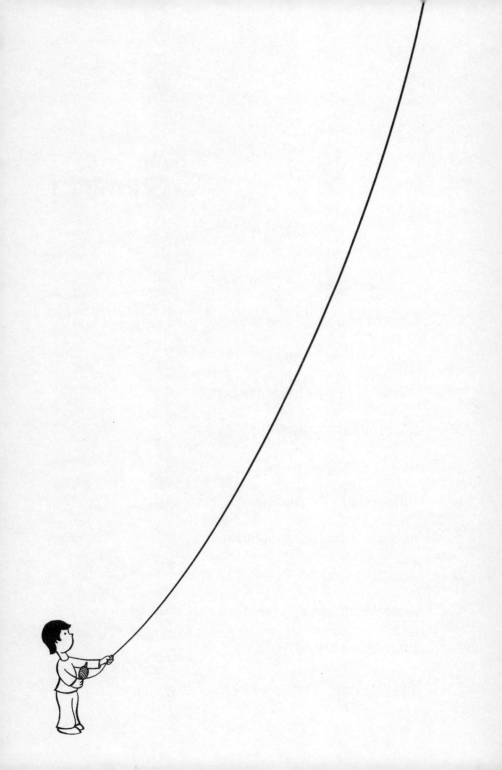

# APRESENTAÇÃO

Quando assumimos a pretensão de dividir algo do que continuamos a aprender na esfera espiritual abraçamos a grande responsabilidade de semear renovação na intimidade de cada um daqueles com quem travamos contato. Utilizando-nos da literatura para provocar a reflexão sobre assuntos dos mais diversos, objetivamos fazer despertarem nossos companheiros encarnados para os aspectos que nós mesmos somente desvendamos ao cruzar o umbral da morte.

Lançando sementes não pretendemos ofertar diretrizes nem afirmar verdades, compreendemos que somente Deus as detenha. Em nossa tímida condição de aprendizes, desejamos que outros também possam conhecer o que tanto nos tem entusiasmado e feito pensar quanto à dinâmica que rege o continente das formas. Nossa busca é a constante harmonia com essas leis, se podemos nos expressar desta maneira, pois somente por este caminho encontraremos a paz que todos almejamos.

Sinceramente motivados ao desenvolvimento moral comum, esperamos que nossas palavras possam chegar mansamente aos ouvidos encarnados. Se desfrutamos de certa condição de tranquilidade na espiritualidade, adotamos espontaneamente como dever dividir algo dessa situação com os companheiros que nos ombreiam a jornada evolutiva. Somente haverá harmonia, onde quer que nos encontremos, quando pudermos lançar nossos olhares em todas as direções, constatando que estamos todos juntos abraçando um mesmo ideal, a educação moral do espírito, promovendo a evolução de maneira gradual e constante.

Encarando a mediunidade como ferramenta propulsora desta educação, abordamos sua relação natural e didática. Acompanhando crianças e suas interações mediúnicas, descortinamos possibilidades novas para encarar frente a frente a trama complexa que vislumbramos junto aos pequeninos. Deixando de lado as concepções restritas do desenvolvimento infantil, delineamos outros modos de enxergar a nós mesmos quando vestidos de ingenuidade e doçura infantis.

É com este pensamento que direcionamos as páginas que aqui apresentamos como clamoroso convite à reflexão. Abordando a infância por entender que a criança nada mais é que um espírito que recebe a abençoada oportunidade de cursar a escola terrena em busca de novos aprendizados. Aprender é a única alternativa que nos move e dividir esse aprendizado é nosso desejo maior.

François.

São Leopoldo, 17 de outubro de 2005.

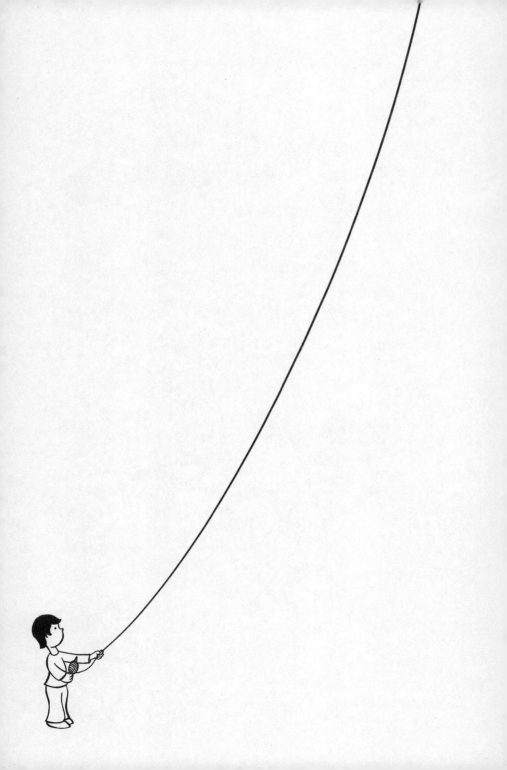

# 1 Uma mediunidade em descontrole

Dona Aureliana abria as cortinas da janela do quarto de seu filho, Manoel. Do alto do décimo segundo andar de imponente prédio na capital paulistana, o sol penetrava no até então escuro quarto, fazendo com que o jovem garoto se revirasse na cama. Recobrindo-se com leve colcha, ouve os gritos da mãe:
– Manoel, sai logo da cama meu filho, assim vai se atrasar de novo!
Manoel, ainda criança, contava com sete anos de idade. Menino de compleição franzina, apático e tímido, possuía dificuldades em se relacionar com outros colegas na escola. Estava sempre cansado e disposto a passar o resto do dia dormindo.
Após constantes visitas aos mais diferentes especialistas da área da saúde, fora detectado profunda anemia e tendências psicológicas ao isolamento social. Sendo, por estes motivos frequentador assíduo de consultórios para tratamento, observação e acompanhamento.
Deixando lentamente a cama, o menino dava prosseguimento a sua rotina matinal de preparo para a escola, onde frequentava a primeira série.
Passados vinte minutos aproximadamente, ingressava Manoel na cozinha, onde a mãe o aguardava com o café.
– Que cara é essa, Manoel? Não me diga que dormiu de luz

acesa novamente por causa de seus pesadelos?

– Sim.

– Meu filho, se não dormir direito, sua anemia vai piorar de novo. Andou vendo filmes com monstros outra vez?

– Não, mãe. Não tenho culpa. É só começar a me preparar para dormir que os barulhos se iniciam. Fico com medo e não tenho coragem de apagar a luz. Somente quando nasce o sol, eu me acalmo um pouco e apago a luz para dormir, mas aí já está na hora de levantar para ir à escola.

– Assim não dá, meu filho. Você já está complicado na escola, como é que vai fazer para acompanhar as aulas sem ter dormido?

– Me deixa ficar em casa, por favor...? – pediu com súplica no olhar.

– Nem pensar, já faltou duas vezes só nesta semana. Esta situação está ficando fora de controle. Hoje você vai para a escola de qualquer jeito.

– Por favor, mãe... Eu não gosto de lá. Os outros meninos ficam implicando comigo, não quero ir.

– Nem tente, Manoel. Hoje nenhuma das suas desculpas me convence. Já conversamos com sua professora, e ela disse que ninguém vai mais o incomodar. Espero que pare de ficar inventando histórias sobre as coisas que diz que vê. E agora anda logo de uma vez, porque já está atrasado.

Manoel seguiu para escola e sua mãe continuou com os afazeres diários. Poucas horas mais tarde, toca o telefone, do outro lado da linha era Fabíola, uma amiga de Dona Aureliana disposta a confabular demorada conversação. No decorrer do assunto, a mãe de Manoel conta dos problemas que vem passando com o garoto:

– Não sei mais o que fazer! Se já não fossem suficientes as complicações na saúde do meu filho, agora ele ainda passa as noites em claro por conta da imaginação criativa, que não o permite dormir.

– Pobrezinho... Eu lembro que também tinha medo do escuro quando era da idade dele. Pelo menos tinha minha irmã que dormia no mesmo quarto que eu, isso me tranquilizava um pouco.

– O Manoel está me deixando doida. Não sai de casa, não brinca, nem tem amigos. Também pudera, com essas esquisitices.

– O que tem tentado para ajudá-lo?

– Ele continua tomando o fortificante para anemia, mas o médico disse que o quadro clínico não vem sendo alterado suficientemente. Duas vezes por semana tem ido ao psicólogo.

– E quanto aos pesadelos?

– Isso é coisa da cabeça dele. Sabe como criança é criativa. Fica vendo televisão e jogando no computador a tarde toda, isso quando não está dormindo, só poderia dar nisso.

– E se ele realmente estiver vendo e ouvindo algo?

– O que quer dizer? Assombração? Deus me livre. Não acredito nessas coisas.

– Mas sabe, tenho uma amiga que frequenta um centro espírita. Ela diz que lá têm pessoas que conseguem se comunicar com os espíritos.

– E você acredita nisso? Isso é só para tirar dinheiro dos bobos.

– Eu também pensava assim. Mas ela me jurou que lá ninguém fala em pagamentos. Nem dízimo diz que tem.

– Aí já é demais, e como fazem para manter as portas abertas? Alguém tem que pagar as contas.

– Isso eu não sei direito, mas parece que as próprias pessoas que lá atuam mantêm as despesas em dia.

– Além de trabalhar de graça, ainda pagam? Por isso que digo que essa gente é fanática. De qualquer forma , não acredito nessas coisas, para mim é tudo bobagem.

A conversa transcorreu por mais alguns minutos e ambas em despedida combinaram de efetuar uma visita a uma outra amiga em comum.

Carlos, pai de Manoel, era advogado conceituado, estava com quarenta e oito anos, sendo vinte e quatro dedicados à profissão. Meio-dia e aguardava ele, sentado em seu automóvel, a saída da escola onde apanharia seu filho para o almoço num dos dois dias da semana em que conseguia almoçar em casa.

Manoel lentamente, como de costume, arrastava-se em direção ao carro estacionado. Ao entrar, tentando alegrar o semblante do filho, Carlos questiona:

– Como estava na escola hoje? O que aprendeu de novidade? As contas de matemática que ajudei a fazer estavam certas?

– Sim. Hoje não aconteceu nada de novo. É sempre igual.

Antes de o carro sair, colegas de Manoel que passavam ao lado na calçada debocharam dele, como normalmente faziam, por causa de suas histórias interpretadas como fantasias.

Preferindo evitar constrangimentos, Carlos se calara no trajeto de volta para casa.

Retornando ao lar, o pai e o menino Manoel preparavam-se, como sempre faziam, para a refeição conjunta ao meio-dia. Sentados os três à mesa, mantiveram conversação trivial, Carlos evitava tocar na manifestação constante de hostilidade de que seu filho era alvo por parte dos coleguinhas de escola. Isso muito magoava a todos; ao menino, pelo isolamento, e aos pais, pelo sofrimento diário do filho com problemas.

Finda a habitual refeição, Manoel, serelepe, fugia para o quarto, onde se encontrava com seu único amigo atualmente, o computador, e com seus joguinhos.

Tristemente acompanhávamos esta situação da espiritualidade. Uma criança isolada e incompreendida pelos próprios pais, possuindo realmente, como alento, os jogos de computador que o permitiam fugir para um mundo de fantasia e alegrias. Entretanto, mesmo diante desta situação, não podemos deixar de perceber a harmonia das leis divinas, que nada cobram sem um débito.

Da espiritualidade observávamos o caso com compaixão, lamentando a falta de fé e esclarecimento em que se vê subjugada a sociedade contemporânea, possibilitando mais e mais sofrimentos. Em poucas oportunidades, quando já cansado de resistir ao sono, Manoel se deixava entregar ao descanso reparador, necessário à vida orgânica. Nas poucas chances que existiam, o menino era espiritualmente acolhido por desvelada senhora, que mais tarde viemos a saber tratar-se de sua avó há algum tempo na vida espiritual. Nesses poucos instantes em que o agigantado medo de Manoel cedia lugar ao cansaço, era ele magnetizado no esforço de que as constantes noites mal dormidas não acarretassem problemas ainda mais graves. Na realidade este auxílio vinha sendo bastante comprometido.

Se o menino não dormia devido a sua sensibilidade no contato com os espíritos, por que então não o deixávamos em paz? Alguém pode ter feito esta pergunta.

O afastamento, ou mesmo o simples ato de evitarmos a nossa detecção espiritual por parte do encarnado, seria possível e até mesmo de fácil execução. Porém, no caso específico relacionado, Manoel não contava com a proteção de um lar seguro, emocional e espiritualmente. Seus pais, pela falta do hábito de cultivar na intimidade pensamentos elevados, pela falta de reflexões saudáveis e de prece, permitiam livre acesso a entidades espirituais problemáticas. Estes companheiros adoecidos moralmente, ou somente confusos, ao constatarem a sensibilidade de Manoel, nele procuravam um canal de auxílio para saciar suas vontades. O menino não fora acostumado a orar e por este motivo não sabia como poderia se proteger.

As responsabilidades paternas vão além da esfera puramente física, ultrapassando os limites do invisível. É nos familiares mais próximos que as crianças encontram pouso seguro para se desenvolverem normalmente. O ninho doméstico deveria primar pela tranquilidade e harmonia na consolidação de recanto seguro para um espírito que habita momentaneamente o estágio infantil de seu desenvolvimento físico.

•

Enquanto Manoel entretinha-se no quarto, Carlos e Aureliana conversavam preocupados à mesa onde ocorrera o almoço.

– Aureliana, senti-me muito mal hoje com a situação que nosso filho vem passando. Ele continua sendo motivo de brincadeiras dos colegas. Será que trocá-lo de novo de escola...

– Nem pensar! – Interveio rapidamente Aureliana, interrompendo a colocação do esposo.

– Mas quem sabe uma mudança de ares lhe faça bem. Dói ver o nosso filho passar por tudo isso.

– Não podemos trocá-lo de escola toda vez que aparece um problema. Ele precisa aprender a enfrentar seus problemas, não conseguiremos ampará-lo o tempo todo.

– Por este lado você tem razão. Preocupo-me com aqueles pesadelos que ele tem nos contado. Sabe, também ando sonhando com minha mãe, que já morreu.

– Agora você também? Não me venha dizer que acredita mesmo que sua mãe possa ter voltado dos mortos e esteja visitando nosso filho!

– Não tenho mais as mesmas certezas de antes. As coisas mudaram, ontem à noite sonhei com ela, mas não parecia sonho, era real demais. Acordei sentindo o beijo que mamãe havia me depositado na testa. Fez-me um apelo para que não duvidasse do que Manoel tem nos contado. Estou bastante confuso.

– Nota-se! Estamos frequentando semanalmente dois especialistas diferentes, se eles, que estudaram para isso, não souberem nos ajudar, você acredita que sua mãe, que já morreu, saberá?

– E se for possível?! Nunca paramos para pensar, haveria lógica caso nossos familiares mais queridos que já faleceram não pudessem saciar suas saudades vindo nos visitar? Deus poderia ser considerado bom se nos impedisse a visitação saudosa e amigável? Sinceramente, Aureliana, estou confuso, à noite, o sonho, foi por demais marcante para não considerá-lo como pelo menos uma possibilidade viável. Estou disposto a procurar outros meios de abordar o problema de nosso filho, e gostaria que você fosse mais razoável em suas considerações.

– Como assim?

Os problemas que ocorriam minavam o relacionamento harmônico dentro do lar. A falta dessa harmonia propiciava a insurreição de diversas desavenças pelos mais simples motivos.

A participação de dona Isolete, mãe de Carlos, já desencarnada, fora providencial na tentativa de minimizar as dificuldades pelas quais vinham passando seus descendentes encarnados, principalmente Manoel.

•

Alguns dias haviam passado e pouco mudara no lar perturbado do menino Manoel. Continuava dormindo com extrema dificuldade e sendo envolvido por manifestações que não recebera orientação alguma para compreender. Sua mãe creditava tudo ao efeito imaginativo, o pai, desconfiado e disposto a buscar qualquer alternativa, tornara-se um canal aberto para qualquer conselho, descabido ou não.

Constantes crises de sonambulismo agravavam o estado tenso em que se encontrava aquele lar. Crises no meio da noite, em que, aos gritos, Manoel, envolvido espiritualmente, proferia palavras desconexas para aqueles que não divisavam o que acontecia no mundo espiritual. Era comum Manoel acordar fora da cama ou numa posição diferente da que havia se deitado para dormir, com a cabeça na posição onde deveriam estar os pés. Os próprios médicos buscavam outras possibilidades, recorrendo a tratamentos facultativos, já que a metodologia tradicional não divisava o efeito desejado.

Dias correram sem alteração do quadro estabelecido. Manoel continuava frequentando as aulas, apesar do receio dos responsáveis, que não sabiam como lidar com o menino, por já ter apresentado algumas crises na escola.

Carlos encontrava-se cabisbaixo e melancólico, não vislumbrando uma solução para o caso de seu filho. A situação de Manoel se agravara proporcionalmente às desavenças domésticas, que ofereciam campo aberto aos manifestantes espirituais necessitados e perturbadores. Todos estavam sob a guante de falanges doentes, que encontravam campo propenso a sua vontade desequilibrada no ninho doméstico.

Desde o marcante sonho que tivera, Carlos não mais conseguia deixar de pensar em sua mãe. Matrona dedicada e religiosa, seria vigoroso pilar de sustentação no enfrentamento dos problemas por que passavam, assim pensava em suas reflexões:

"Ah, se mamãe estivesse viva..." (suspirava).

Mal sabia Carlos que as dificuldades somente não estavam agravadas porque, da espiritualidade, sua mãezinha atuava diuturnamente para o apaziguamento da situação. Pressurosos amigos da família que habitavam a espiritualidade ajuntavam esforços no propósito do auxílio. Foi por intermédio de dona Isolete que algumas oportunidades de esclarecimento se tornaram possíveis.

Mergulhado em reflexões, desperta Carlos com o tilintar da campainha do telefone de seu escritório.

– Alô.

– Alô, Dr. Carlos?

– Sim, é ele.

– Bom-dia, Dr. Carlos. Aqui é Eduarda, secretária da escola do Manoel. Bem, estamos ligando porque precisamos que o senhor venha até a escola. Aconteceu um pequeno...

– O que aconteceu? Manoel esta bem?– exclamou assustado.

– Tivemos um pequeno probleminha com o Manoel, parece que ele já está melhor. Mas precisamos que o senhor venha até a escola o quanto antes.

– A senhora não pode me adiantar do que se trata?

– A diretora Anelize pediu para que chamasse o senhor, desconheço mais detalhes do assunto.

– Tudo bem. Em quinze minutos estou chegando.

Apressado, Carlos adentrava a secretaria da escola em apenas sete minutos. Afoito, logo foi encaminhado à sala da diretora, que o aguardava.

– Sente-se, senhor Carlos.

– Onde está o Manoel? O que aconteceu? Por que me chamaram?

O transtorno nervoso de Carlos era evidente, as crises constantes do filho o afligiam. Não fosse a juventude, estaria igualmente comprometendo sua saúde em função do total descontrole emocional.

– Acalme-se, Dr. Carlos. O assunto é sério, mas nos parece que o pior já passou.

– Fale logo! Não aguento mais esses rodeios!

Compreendendo a aflição paterna, a diretora, acompanhada por senhora desconhecida do pai do menino, foi diretamente ao assunto.

– Faz algum tempo que o Manoel vem enfrentando problemas nesta escola. Sabemos que o senhor e sua esposa têm procurado o auxílio de profissionais especializados, o que aprovamos totalmente. Acontece, porém, que não acreditamos mais ter condições de mantê-lo em nossa escola. Não dispomos de pessoas suficientes para acompanhá-lo individualmente, como seria aconselhável em seu caso.

– Como assim?! Está pedindo que retire meu filho da escola?

– Peço que se acalme, Sr. Carlos. Compreendemos a dificuldade que sua família vem enfrentando, mas creia que nos encontramos sem alternativa. Também queremos o bem do Manoel.

– Mas, meu filho... Como? O quê? Estou confuso, não sei o que fazer.

– O senhor conhece a nossa psicóloga? – perguntou a diretora, apresentando a senhora que permanecia ao seu lado.– Esta é a Roberta. Ela vem acompanhando as dificuldades escolares do Manoel, que se intensificaram neste último mês. Penso que seria oportuno que o senhor escutasse as sugestões dela.

Roberta, psicóloga recém-formada, tomou a dianteira da conversa e comentou:

– Entendemos suas angústias. Sempre é difícil para um pai ou uma mãe observar sem poder fazer muita coisa com relação aos problemas por que passam seus filhos. Na manhã de hoje, após algumas brincadeiras de mau gosto dos meninos para com Manoel, ele saiu correndo da sala de aula e caiu no corredor, raspando um pouco a perna. Acontece que este evento desencadeou um processo de exaltação, Manoel passou a gritar, chorar e a dizer palavras desconexas e sem sentido.

– Meu filho enlouqueceu? É isso que a senhora quer me dizer?

– Não podemos emitir um parecer desta responsabilidade sem maiores observações e sem acompanhamento mais minucioso do caso, para então podermos estabelecer uma avaliação precisa do que está ocorrendo com o Manoel.

Prosseguindo:

– Como estava relatando, o comportamento do Manoel vem assustando muitos alunos e professores de nossa escola. Alguns pais já manifestaram desejo de retirar os filhos por causa desses problemas. Nós, infelizmente, não temos condições de abrigá-lo em nossa escola. Particularmente eu sugiro ao senhor que procure uma clínica especializada em distúrbios da infância para que o Manoel possa ser melhor atendido.

Carlos chorava copiosamente. Estava completamente desorientado. Mentalmente evocava a lembrança de sua mãe, que se fazia ali presente ao seu lado, alisando-lhe os cabelos, mas que permanecia ainda longe de ser percebida pelos presentes.

●

Dois dias haviam se passado e Manoel estava em casa. Dispensado da escola, sua situação piorara. Suando frio, de luz acesa e com muito medo, passava as noites em claro, só conseguindo dormir com o nascer do sol. Agora sem aula, dormia até a hora do almoço.

Manoel, em encarnação anterior, angariara muitos desafetos. Fora um credor intolerante, que jamais cedia à compaixão perante a aflição alheia, exigindo sempre a restituição integral e corrigida do que lhe deviam, ocasionando miséria a muitos. Utilizava todos os meios possíveis para lucrar nos negócios. Lidando com pessoas de extrema simplicidade, tinha facilidade em envolvê-las em seus argumentos fáceis.

Readaptado a novo corpo, trazia consigo a mediunidade latente, para que, com a presença dos desafetos do passado, não olvidasse os compromissos assumidos espiritualmente. Haveria de tomar o primeiro contato com a consoladora Doutrina dos Espíritos, exercitando persistentemente a mediunidade desenvolvida em preceitos cristãos. Através do exemplo, haveria de encaminhar a reconciliação àqueles que o acompanhavam obsessivamente da espiritualidade. Seria a porta de transformação para os mesmos personagens de quem, no passado recente, fora verdugo, aprenderiam em conjunto o exercício do perdão.

Aureliana, mãe de Manoel, fora sua esposa em anterior encarnação. Dedicada à vida exibicionista na sociedade, incitara seu ex-cônjuge a amontoar grande fortuna para arcar com seus disparates extravagantes. Religiosa por convenção social, comprometera-se em encaminhar o ex-esposo, na figura de filho, à crença em Deus. Auxiliando pela fé, no equilíbrio e proteção do lar.

Carlos, sócio de Manoel em vida anterior, vivia as consequências da conduta que mantivera naquela encarnação. Uma família, com laços que os prendiam aos comprometimentos do passado, devendo acender a luz na vida daqueles que levaram às trevas no passado e hoje buscavam desforço.

A harmoniosa lei divina, que não faz sofrer, mas permite que façamos a colheita em perfeita consonância com o cultivo, atuava claramente, para nosso aprendizado.

Desde que saíra da escola, Carlos, que dialogara com a

diretora e a psicóloga, sem rumo, refletia sobre os aconteci-mentos que envolviam sua família. Não compreendia o porquê. Não conseguia encontrar motivos para aquilo tudo. Seu filho estava enlouquecendo, mas não havia antecedentes entre os familiares que credenciassem essa possibilidade. E os médicos, por que não conseguiam fazer nada?

Visitara o núcleo de tratamento a crianças debilitadas mentalmente, precisava de alguma orientação sobre o pro-blema do filho. Assustado com as condições das crianças no local visitado, decidira aguardar novas avaliações antes de internar Manoel. Entendia que colocar o menino numa casa de reclusão poderia tornar o problema irreversível, tinha isto como última alternativa.

Com problemas no lar e desarmonia conjugal, optara por não relatar todo o histórico de Manoel à esposa. Sabia que se o fizesse teria ainda maiores problemas para enfrentar. A relação a dois sempre pressupõe uma mútua confiança, fideli-dade e cumplicidade na solução dos problemas. Neste lar em desequilíbrio a relação conflitante, premidos por inconsciente insegurança que traziam como recordações da traição conjugal que perpetraram contra Manoel em encarnação anterior, não se sentiam seguros na relação um com o outro.

•

Luz acesa, noites em claro, a rotina se repetia em uma fa-mília em completo desequilíbrio. A falta dos bons hábitos, de leitura saudável, prece, conversação simpática destrancava por completo as portas daquela residência para companheiros que os seguiam espiritualmente.

A sensibilidade mediúnica de Manoel, com seus primeiros sinais, atraíra a presença constante de espíritos desencar-nados para a sua convivência íntima. Em busca de desforra, envolviam os genitores, que, organicamente amadurecidos, deveriam ser responsáveis por fornecer segurança ao lar.

Muitos desses espíritos, percebendo nele a oportunidade

de se fazerem notados, o circundavam na esperança de verem atendidos seus mais diferentes anseios, na maioria das vezes não eram mal intencionados, mas simplesmente desconheciam sua real situação. Muitos deles eram enxotados pelos algozes da família, suas antigas vítimas; já outros que pudessem acarretar maiores prejuízos concorrendo para os objetivos gerais eram convidados a permanecer nas proximidades.

As mais extravagantes personalidades assediavam Manoel e aquele lar. Sua avó dedicada continuava a postos, mas pouco podia fazer, pois não encontrava brecha alguma para atuar naquela residência em desarmonia.

Pelas companhias que o assediavam, Manoel estava sempre propenso às alterações de ânimo (euforia e tristeza) e comportamento, algumas vezes extremamente agressivo; noutras caindo em apatia. Era um fantoche comandado pelos desencarnados.

Como sabemos, crianças até mais ou menos a idade de sete anos encontram-se em finalização do processo biológico de reencarnação. Assim como as pessoas idosas, que se aproximam do desencarne pela falência orgânica, encontram-se mais sensíveis à influência espiritual[1].

Todos os seres humanos possuem sensibilidade para travar relação com a espiritualidade. A mediunidade propriamente dita é uma condição biológica que trazemos em nossa matriz corporal, no perispírito (corpo do Espírito), quando da formação de nosso corpo material no interior do útero materno.

Esta capacidade mediúnica é previamente planejada antes de darmos início ao processo reencarnatório. No caso de adultos, e principalmente de crianças, é sempre importante a proteção através da prece e da boa conduta, que atraem simpáticos colaboradores espirituais. Para não nos tornamos reféns das

---

[1] Essa afirmação é fornecida pelo espírito André Luiz, na obra "Missionários da Luz", quando, no capítulo 13, trata da reencarnação de Segismundo.

manifestações espirituais mediúnicas, como é o caso da família de Manoel, é fundamental esta precaução.

Mesmo com esta proteção, por haver se comprometido ao trabalho libertador pelas raias da mediunidade, Manoel, em períodos de maior sensibilidade, seria assediado espiritualmente. Espíritos desconhecidos iriam buscá-lo na espera de um esclarecimento, assim como as vítimas do passado, que despertá-lo-iam para os compromissos assumidos.

Todas as crenças religiosas são válidas, desde que preguem o bem comum, a comunhão com Deus ocorre intimamente de maneira muito particular em cada um de nós. É sempre levada em consideração a intenção dos gestos e o nível de entendimento da vida que cada um apresenta. Com relação à mediunidade, é na Doutrina Espírita principalmente que existe a possibilidade de esclarecimento.

Estudar a mediunidade com seriedade nos permite compreender e exercitar o dom mediúnico manifesto. Deixamos de ser reféns dos fenômenos espirituais, canalizando-os em atividades construtivas. O exercício da mediunidade, mesmo que aflorado, não deve ser estimulado em crianças. Sua organização nervosa pouco sedimentada e ainda em construção não deve receber as extremadas reações sentimentais que o contato espiritual nos propicia. As lições evangélicas, o aprendizado moralizador, o convívio saudável em família, permitem uma tranquilidade nas relações mediúnicas pela sintonia estabelecida. Não podemos, por outro lado, reprimir as manifestações, punindo as crianças por apresentarem possibilidades de contato com a espiritualidade, basta não estimular que no momento propício esse afloramento se processará com naturalidade. Atrairmos espíritos bem intencionados intimida a presença de outras companhias espirituais que poderiam perturbar a pessoa com sensibilidade mediúnica e por consequência o seu meio de convívio. Com o amadurecimento da personalidade encarnada, de maneira responsável, o jovem pode ingressar no conhecimento da mediunidade que manifesta, sendo então aconselhável este proceder.

Como abordávamos anteriormente, as crianças têm uma suscetibilidade maior às influências espirituais, sentindo com mais facilidade os anseios dos desencarnados que nos circundam. Apoiado nesta afirmação, é importante que lembremos o quanto nossos pensamentos ou mesmo nossas companhias espirituais podem interferir no comportamento infantil. A responsabilidade de pais e professores, dos personagens de maior convívio com a parcela infantil da população, fica evidenciada quando a inquietação ou inconstância emocional da criança pode ter origem em nós, em nossos atos e pensamentos, nas companhias que angariamos com nossa conduta.

Devido a essa aguçada sensibilidade, Manoel, cercado de acompanhantes espirituais, estava sempre propenso a agressões fortuitas e animosidades, principalmente por parte das crianças, que sentiam inconscientemente estas companhias junto dele. Os pais que xingavam sem motivos, colegas que implicavam, professores que se impacientavam com facilidade, consequência do contato inconsciente com as vibrações desarmônicas dos desencarnados.

●

A família, por completo obsediada, respondia em uníssono às determinações espirituais dos algozes. Dona Aureliana e Carlos, de atrito em atrito, nervosos, encaminhavam-se para o litígio conjugal. Objetivando os planos obsessivos de enfraquecimento da base de apoio do menino Manoel, os obsessores sabiam que, descontrolando mais ainda as emoções da criança, acabaria por dominar amplamente a direção de suas faculdades intelectuais. Feito este estrago, dificilmente o processo poderia ser desfeito sem deixar sequelas na estrutura nervosa do menino.

Foi em tarde movimentada, após exaustivo dia de trabalho, que Carlos se detivera, a convite, em pequeno centro comercial da capital paulistana para um bate-papo com antigo amigo.

Pastrana fora colega do pai de Manoel no segundo grau por três anos consecutivos. Eram bons amigos, mas devido aos compromissos profissionais haviam perdido contato. Dr. Eusébio Pastrana era natural de São Bento do Sapucaí, no interior paulista, filho de agricultores, viera ainda menino para a capital para estudar e morar com a tia, irmã de sua falecida mãe. Formara-se em medicina, especializando-se em oncologia, fizera especialização e doutorado. Homem de conduta íntegra conquistara grande prestígio profissional por sua seriedade e simpatia no trato com os pacientes.

Sem ter consciência do fato, Dr. Pastrana fora estimulado por dona Isolete, que da espiritualidade o levara a relaxar em um pequeno café de uma galeria comercial próxima à clínica onde atendia. Amigos espirituais, num esforço hercúleo, conseguiram sensibilizar Carlos a encontrar seu antigo amigo.

•

Mesmo diante de um grande amigo, Carlos permanecia hesitoso. Mantinha uma postura arredia, os olhos denotavam profundo abatimento, as mãos mexiam-se nervosamente. Dr. Pastrana, atento ao comportamento do amigo, não deixou de reparar que algo afligia Carlos, mas por discrição preferiu esforçar-se por deixar o amigo à vontade, sem interrogá-lo. O médico estava acostumado a situações difíceis, desencarnes, diagnósticos clínicos complicados. Sabia que Carlos relataria suas angústias se assim ele mesmo desejasse.

Por alguns minutos, mantiveram, os dois, conversação frugal e amistosa. A palestra se encaminhava para o desfecho. Carlos incomodado alegava compromisso inadiável, que não existia, para despedir-se. Da espiritualidade percebíamos a agitação de seus acompanhantes, com fisionomias carrancudas instigavam Carlos a ir embora. A presença do amigo encarnado os incomodava, não divisavam os mesmos a presença espiritual que o acompanhava, mas pressentiam algo diferente a inspirar a palavra do médico.

No momento da despedida, da espiritualidade, dona Isolete motivou Pastrana a questionar como andavam a esposa e o menino Manoel. A pergunta foi suficiente para fazer ruir a represa emocional que Carlos havia erguido. Qual criança, deixou-se sentar novamente e, aos soluços, despertou a sensibilidade do amigo. A vazão emotiva, o desejo de desabafar fizeram com que o trabalho espiritual de sua desencarnada mãe começasse substancialmente a fazer efeito.

Repudiados por vibrações magnéticas de conteúdo amistoso, os acompanhantes indigestos de Carlos viram-se compulsoriamente afastados de seu objeto de desejo. Sem maior compreensão do ocorrido, fugiram de volta ao ninho doméstico envolvido pelas malhas de um complexo processo obsessivo.

Pastrana, envolvido pela candura maternal de Isolete, falava suavemente ao amigo nestes termos:

– O que o aflige, meu amigo?

Somente lágrimas absorviam Carlos. Com tantos soluços, palavra alguma podia ser articulada.

– Quando quiser expor o móvel de sua aflição, saiba que estou disponível para escutá-lo e auxiliar no que me for possível.

– Ah, que desdita a minha... – disse Carlos saindo de sua crise de choro. – Meu filho demente e a esposa relapsa desejando a separação em um momento tão difícil para todos. Não sei mais em quem me apegar, nenhum médico foi capaz de nos auxiliar, nenhuma esperança, estou desesperado. Se minha mãe estivesse viva, ao menos encontraria nela alguma forma de consolo. Sua fortaleza moral, sua fé, mesmo que eu não coadunasse dela, me fortaleceriam. Como gostaria que ela estivesse aqui neste momento de minha vida.

– E quem pode lhe garantir de que ela não esteja?

Palavras exatas que tocavam diretamente nas afirmações de Manoel e no sonho inquietante que o próprio Carlos tivera. O médico continuou ante o olhar espantado de Carlos.

– Não creia que sua mãe, que tanto o estimava, esteja alheia aos seus sofrimentos. Talvez esteja ela mais próxima agora do que antes.

– Você me fala de um jeito estranho. O que está querendo dizer com isso?

– Carlos, meu amigo, é um equívoco acreditarmos que a vida acaba com a morte do corpo.

– Então você acredita...?

– Sim, acredito que somos espíritos eternos que, pela misericórdia divina, fazemos uso de um corpo sobre a Terra quantas vezes forem necessárias para efetivação de nosso progresso moral e intelectual.

– Sua argumentação me confunde. Quer dizer que você, mesmo sendo médico, acredita nessas coisas de espíritos?

– E é justamente por ser médico que acredito. Como médico, tenho estado diariamente em contato com pacientes terminais, e a razão não consegue fugir das diversas situações vivenciadas. Deixe eu lhe relatar um fato que ocorreu comigo há alguns anos:

– Há mais ou menos três anos, atendi um senhor de pouco mais de 60 anos, cujo nome era Artur. Estava ele com câncer no aparelho digestivo e sua situação era muito complicada. Internado no hospital, pernoitava aguardando cirurgia que faria na manhã seguinte. Apresentava grande serenidade, diferente da maioria dos pacientes acometidos pelo mesmo tipo de problema, sua cirurgia seria de grande risco.

Com constrangimento, adentrei seu quarto, tenho o hábito de conversar com meus pacientes antes da cirurgia, havia poucos familiares. O paciente aguardava a oportunidade para trocar umas palavras a sós comigo.

O olhar desse senhor me intimidava, era tamanha sua serenidade que estava tomado de constrangimento para relatar a alta probabilidade de fracasso no ato operatório. Para meu espanto, após alguns esclarecimentos fornecidos à família, ele me pediu para que conversássemos a sós.

– Caro doutor– disse-me ele. – Sei do seu empenho e de sua boa vontade, mas meu corpo não regressará dessa operação. Peço ao senhor que tenha a consciência tranquila, sei que faz o possível para minha melhora e lhe sou muito grato, mas minha hora já está acertada.

Atônito, tentei argumentar após o choque que suas palavras tiveram sobre mim:

– Não diga isso, seu Artur. É normal este tipo de receio.

– Não, doutor – dizia ele –, não estou com medo. Já me mostraram para onde me mudarei. Na verdade, nem merecia tanto. Noite passada, quando as crises de dor aumentaram, um homem vestido como se fosse um médico veio conversar comigo. Explicou-me o que sucederia em minha operação. Não entendi muito bem, até achei aquilo tudo muito esquisito, mas ele me prometeu que traria alguém que me ajudasse a entender o que ele queria me dizer.

– Sr. Artur, como o senhor sabe, os efeitos dos remédios que ingere para dor podem causar alucinações...

– Eu sei disso, doutor, mas após pensar assim como o senhor, não pude mais duvidar. Aquele mesmo médico que havia me visitado voltou, e para meu espanto trouxe com ele minha mãe, que já morreu faz mais de 40 anos. Sei que parece loucura, mas foi real demais para não acreditar. Ela estava aqui comigo. Pediu para que me resignasse, me entregando à vontade divina; estou de passagem comprada para regressar ao lar de onde vim.

Interrompendo momentaneamente a narrativa, Pastrana salientou o que mais lhe instigara a curiosidade:

– Era difícil me manter firme emocionalmente diante daquele senhor, algo nele me sensibilizava profundamente. Mas a parte mais impressionante aconteceu depois.

Seguiu então a narrativa:

– Entregou-me ele ao final de nossa conversação uma folha dobrada, um pequeno bilhete, me pedindo que somente o lesse após a cirurgia.

A cirurgia ocorreu e o senhor Artur faleceu realmente. Sua situação estava pior do que esperávamos, e acabamos muito limitados em nossos recursos para salvá-lo. Abismado pela situação prevista pelo paciente, passados alguns minutos da cirurgia, pus-me a ler curiosamente o conteúdo do bilhete. Dizia assim:

"Prezado doutor Pastrana, sou-lhe muito grato pelo carinho e empenho dedicado no trato de minha enfermidade. Sei que é sempre difícil perder um paciente, mas não desejo que sofra com minha partida. Não possui responsabilidade alguma quanto a isso.

Estou feliz, pois voltarei ao convívio dos amados familiares que se mudaram para o além. Existe outra pessoa que me foi apresentada por aquele mesmo médico que me visitou e trouxe minha mãe. Pediu-me essa pessoa que anotasse algumas palavrinhas para transmitir ao senhor.

Disse que desencarnou faz oito anos, também veio a falecer acometida por um câncer, apesar do esforço do filho, que era médico e tentava salvá-la. Enfatizou que essa foi a perda mais traumática de seu querido filho. Disse também que Pedro está bem, chegou lá faz quatro anos. E repetiu para que eu gravasse bem:

Depois de tantas comprovações, não duvide mais das palavras de sua mãe. Ajude as pessoas ao seu redor a entender que a vida não termina com a morte do corpo".

Com os olhos marejados, Pastrana retornava a conversação com Carlos, que também estava emocionado.

– Consegue imaginar meu estado depois disso?! Não era mais possível fingir que não percebia as manifestações diárias envolvendo meus pacientes terminais e remetiam à comprovação da existência de outra vida. O cotidiano hospitalar apresenta todos os dias comprovações dessa continuidade da vida, a dificuldade é que nós, trabalhadores da saúde, não estamos dispostos a perceber esses eventos. Existe falta de motivação destes mesmos especialistas para expor essas situações perante o dogmatismo acadêmico que vigora em nossas instituições de ensino e unidades hospitalares. Como eu negaria os dados precisos de minha mãe falecida de câncer no intestino há oito anos? E de meu irmão, Pedro, vitimado em acidente automobilístico fazia quatro anos?

– Mas então você acredita em espíritos?

– E o que seria de mim, meu amigo, sem a Doutrina dos Espíritos?

– Logo você, um médico, sinceramente não esperava.

– Entendo o que quer dizer. Eu pensava da mesma forma antes de dar o braço a torcer no contato com a Doutrina Espírita. Pensava também que isto não passava de uma crendice popular das mais absurdas e que com pouco esforço intelectual poderia ser facilmente desmascarada.

– Sendo você um médico, uma pessoa que estudou, realmente esperava um proceder mais criterioso. O que o fez mudar de opinião? Digo mais, o que o fez mudar para que fale com tanto entusiasmo desta religião?

– Em primeiro lugar, não se trata de uma religião propriamente, é mais abrangente do que isso; na verdade, eu particularmente entendo como sendo uma explicação, uma oportunidade de conhecermos um pouco mais a respeito da vida, dos muitos enigmas que nos afligem.

O fato que lhe narrei sobre seu Artur abalou-me. A morte de minha mãe me aniquilara intimamente. Tratei-a e a vi degenerar-se aos poucos, sem muito a fazer a não ser esperar. Admito que isso me revoltou bastante e acabei por colocar em dúvida o exercício da medicina, pelo qual sempre sonhara. Mal se fechava a ferida provocada pelas dores de sua partida, perdia igualmente meu irmão em acidente trágico. Perdi, em menos de cinco anos, toda minha família consanguínea. Eu, que já não tinha pai, perdia a mãe e o irmão mais novo neste curto intervalo de tempo.

Estava completamente desiludido, nem religião, nem acompanhamento psicológico me tranquilizavam. Se não fosse pela gravidez de Marisa, talvez tivesse me precipitado em atitude desesperada. Mas eis que o tempo passa, e exercendo a medicina já sem o mesmo idealismo do passado, me deparo com a nobre figura de seu Artur. Senhor este que, atacado por doença terminal, conseguiu me oportunizar mais consolo do que todas as alternativas intentadas anteriormente.

Desconfiado, a princípio passei, conforme estímulo do bilhete, a analisar com maior cuidado os pequenos sinais que todos os dias ocorriam comigo ou com algum colega nas dependências dos hospitais onde atendia. Sonhos estranhos, relatos inúmeros, fui tomando conhecimento de tudo o que me interessava. E, por incrível que possa parecer, eram os pacientes envolvidos nestas situações diferenciadas que com maior naturalidade enfrentavam as dificuldades proporcionadas pela aproximação do instante derradeiro.

Pastrana fez uma pequena pausa, tomou um gole de água e prosseguiu sob o olhar atento de Carlos.

– Certo dia encontrei um colega no refeitório, lia ele um livro intitulado Missionários da Luz, de Francisco Cândido Xavier. Fiquei impressionado ao saber que esta mesma obra era de autoria de um médico desencarnado. E mais impressionado ainda por me deparar com raciocínio lógico e termos médicos precisos, tendo sido escrito por uma pessoa que não concluíra nem o ensino fundamental. Minha ideia de que a crença nos espíritos ruiria com o simples emprego do raciocínio lógico estava desfeita. Muito antes, ao contrário, quanto mais raciocínio lógico empregava, mais coerente se faziam as informações. Para minha absoluta transformação concorreu o fato de encontrar nos enunciados espíritas esclarecimentos que me explicavam sobre dificuldades diárias no exercício da medicina.

Por preconceito religioso, acabei demorando a conhecer estes esclarecimentos, que me são tão valiosos atualmente. Encontrei neles consolo para a separação momentânea de meus familiares. Hoje já somos alguns médicos, um núcleo que conta com doze participantes, estudando durante os plantões obras que nos auxiliam a consolar e participar da busca pelo restabelecimento dos doentes.

– Não sei o que dizer. Mas se tudo isso que me relata for verdadeiro, então meu filho pode estar dizendo a verdade com relação ao que diz ver. Eu e Aureliana o repreendemos sempre. Toda a vez que ele tocava neste assunto, pensávamos tratar-se de sonhos ou de uma imaginação muito desenvolvida. Pobrezinho, guardou tudo isso com ele por achar que era errado. Meu Deus, Manoel enlouqueceu por nossa culpa.

Carlos desabava em choro convulsivo novamente. O prestimoso médico, inspirado por dona Isolete, mantinha a docilidade e buscava consolar e esclarecer o amigo aflito.

– Deus, que é todo amor, sempre nos oferece arrimo nas tempestades. Talvez possamos auxiliar seu filho e os acompanhantes espirituais que o visitam, se assim se fizer necessário. Não desista. Aos olhos de Deus nada se encontra sem remédio.

– Todos os médicos que consultei, neurologistas, psiquiatras, psicólogos, foram unânimes em afirmar que Manoel precisaria de internação, que seu caso era grave e que somente uma supervisão vinte e quatro horas ativa poderia auxiliá-lo.

– Não nego que a situação seja grave. Mas, apesar de não ser psicólogo nem psiquiatra, não vejo como o afastamento do conforto de um lar para um menino de sete, oito anos possa auxiliar no tratamento. Entendo ao contrário, que o isolamento familiar o perturbaria mais ainda, seus acompanhantes espirituais o seguiriam. Ele, estando em um ambiente desconhecido, tenderia ao medo e, desesperado, culminaria por oferecer maior campo de ação aos espíritos, talvez até mesmo pudesse apresentar danos irreversíveis em sua organização nervosa.

– Então, acredita que todos os outros médicos estejam errados?

– Não, não foi assim que coloquei. A falta de conhecimento das questões espirituais que envolvem os seres humanos por parte dos médicos causa por diversas vezes este tipo de situação. Desconhecem a maioria dos psicólogos e psiquiatras que uma porção muito elevada dos transtornos de personalidade tem participação de personagens desencarnados atuando sobre o paciente. E que os mesmos desencarnados também precisam de auxílio, muitas vezes divertindo-se com a dificuldade de diagnosticar o problema. Causam estas dificuldades quando se aproximam e se afastam dos pacientes, confundindo a possibilidade de um diagnóstico preciso. Por lidarmos com mais de um paciente sem o conhecimento disso, algumas vezes fazemos uso de grande quantidade de medicação, que pode vir a minar as resistências do indivíduo diante do processo obsessivo[2].

– Pensa que o caso de Manoel tem jeito?

– Quanto a isso somente o tempo e muito trabalho poderão nos informar.

– E onde encontraremos médicos com os requisitos que o senhor apontou?

– Eu conheço alguns. Posso apresentá-los a você. A classe médica é bastante orgulhosa e assim como a sua profissão, os advogados, tem uma grande resistência a informações que não partam de catedráticos renomados. Tornou-se uma ciência materialista, fria e cética, mas que ainda sofre grandes abalos no contato com a morte. Quem sabe esteja neste aspecto a transformação tão necessária na medicina?

Quando estudamos, somos sistematicamente induzidos a não manter muita proximidade com os pacientes, principalmente a não nos afeiçoar àqueles com patologias graves. Orgulhosamente nos imaginamos senhores da vida, capazes de decidir a sorte das pessoas, se vivem ou morrem. Quando perdemos um paciente, e falo por experiência pessoal, percebemos que não possuímos poder algum sobre a vida. Despertamos para a realidade de que algo acima de nós, meros mortais, comanda tudo, e nos assustamos por não podermos

---

[2] Quando a classe médica despertar para essas companhias que de fora da matéria nos persuadem, percebendo que na maioria das situações lida com mais de um paciente, perceberá que somente a amorterapia, unida ao esclarecimento, pode curar a problemática da alma humana.

controlar isso. A morte nos amedronta. É bastante comum, infelizmente digo isso, o fato de pacientes acometidos de enfermidades graves serem aos poucos abandonados por seus médicos caso o tratamento não faça efeito. Não somente a frustração afasta o médico, mas principalmente o sentimento de impotência perante a doença.

Nesta situação, o Espiritismo se enquadra perfeitamente, pois não somente esclarece os reais motivos do surgimento de uma doença como igualmente nos aponta novas oportunidades de auxílio. Esclarece-nos a Doutrina Espírita que a vida segue, tanto para os que ficam quanto para os que partem, e que, se não podemos curar o corpo doente, poder-se-á, e temos esse compromisso, preparar a Alma para a derradeira viagem.

Essa é a verdadeira medicina, aquela preconizada por Hipócrates, que busca o equilíbrio integral de seu paciente e não somente trata-o como uma máquina que precisa de reposição de peças.

– O que preciso fazer?

A conversa com doutor Pastrana infundira renovado ânimo em Carlos. Desde muito tempo seus olhos não apresentavam o brilho da esperança como agora o víamos contagiado.

– Façamos da seguinte forma. Vamos trocar os números de nossos telefones e amanhã, assim que chegar ao hospital, falarei com alguns colegas e depois ligarei dando um retorno. Mais uma coisa: para eficiente transcurso do tratamento, necessitaremos de acompanhamento espiritual. Precisará buscar auxílio junto a um núcleo espírita.

– É imprescindível?

– Sim, é importantíssimo. As chances de sucesso aumentam enormemente nesta condição. Para ter uma ideia, existia no interior de Minas Gerais, na primeira metade do século XX, mais especificamente em Uberaba, um médico psiquiatra, de nome Inácio Ferreira, que conseguia elevado número de altas no nosocômio que dirigia. Seus índices de reabilitações eram surpreendentes, principalmente analisando a complexibilidade dos casos que atendia; aceitava os pacientes que a maioria recusava ou que não haviam encontrado resultados em tratamentos convencionais.

Mantinha um grupo de sensitivos, médiuns, vinculados à instituição, tratando simultaneamente os doentes encarnados e desencarnados. O próprio médico admitia que do ponto de vista clínico seus procedimentos eram os mesmos de outros médicos, e que os excelentes resultados conseguidos eram devido ao trabalho dos espíritos na reabilitação dos envolvidos.

Os pacientes apresentavam a debilidade mental, e mesmo seguindo todas as orientações médicas conhecidas, buscando em diversos tratados de psiquiatria, nenhuma causa do problema era encontrada, culminando por enquadrar em seus diagnósticos uma enormidade de casos de obsessão, de influência espiritual atuando sobre os pacientes. Foi um dos precursores deste movimento de reaproximação entre espiritualidade e medicina, promovia juntamente com as "sombras amigas", termo que habitualmente empregava, muitos restabelecimentos de pacientes que deixavam o sanatório e desenvolviam uma vida normal; e para tanto, por dirigir uma instituição simples e empobrecida materialmente, fazia uso de poucos ou mesmo nenhum remédio. Porque entendia que a obsessão se curava com paciência, perseverança, perdão e principalmente com muito amor.

– E se não dispuséssemos de facultativos dispostos a aceitar este procedimento atrelado ao Espiritismo, ficaríamos como?

– Nada impediria o paciente de realizar seu tratamento convencional com um médico e frequentar por sua própria conta um centro espírita. A espiritualidade proveria nossas necessidades da forma que fosse possível, é óbvio que a participação ativa do médico encarnado facilitaria o processo de busca do equilíbrio, mas sua não anuência não seria fator impeditivo.

– E se não dispuséssemos de um médico, morássemos, por exemplo, em um lugar distante, somente o Espiritismo bastaria para alcançar a cura?

– Aí esbarramos numa questão complicada. Este fato variaria conforme os méritos morais dos envolvidos, se o doente poderia receber a intervenção positiva ou não. É possível, porém é muito difícil de acontecer, porque a doença não surge sem nossa própria participação. Concorremos de variadas formas para que a patologia se manifeste, seja por ocasião de nossa conduta nesta encarnação ou de um passado mais ou menos distante. É importante que tenhamos sempre ao alcance o concurso de um especialista da saúde, sua participação em nosso tratamento é valiosíssima, é por ele que chegam muitos dos recursos externos, agentes motivadores, que nos propiciam a possibilidade de cura. O poder da fé e o uso da prece são sempre saudáveis, independentemente da crença a que sejamos adeptos, quando realizada nobremente fortalece nosso campo psíquico, repercutindo diretamente sobre nosso organismo. Para que se tenha a ideia de sua eficácia, basta que nos reportemos às pesquisas realizadas, inclusive no Brasil, nos atestando que o uso da prece, para si e também em benefício dos outros, aumenta a capacidade imunológica do indivíduo. Os resultados desta pesquisa revelaram que as células de defesa, como os monócitos e neutrófilos, sofreram influência da prece. Comprovou-se que a prece aumentou a estabilidade da função celular, ou seja, o organismo de maneira generalizada passou a funcionar melhor. A grande verdade é que estamos apenas engatinhando nesta relação com a espiritualidade, muito ainda haveremos de nos desenvolver para conseguirmos compreender as possibilidades reais que a vida nos oferece de aprendizado.

– Bem, se assim é necessário, farei o possível para que possamos frequentar um grupo espírita. Faço tudo pelo bem de meu filho.

Os amigos apertaram as mãos, e Carlos, não muito dado a demonstrações de afetuosidade, abraçou demoradamente o amigo, que lhe sinalizava com nova e interessante alternativa.

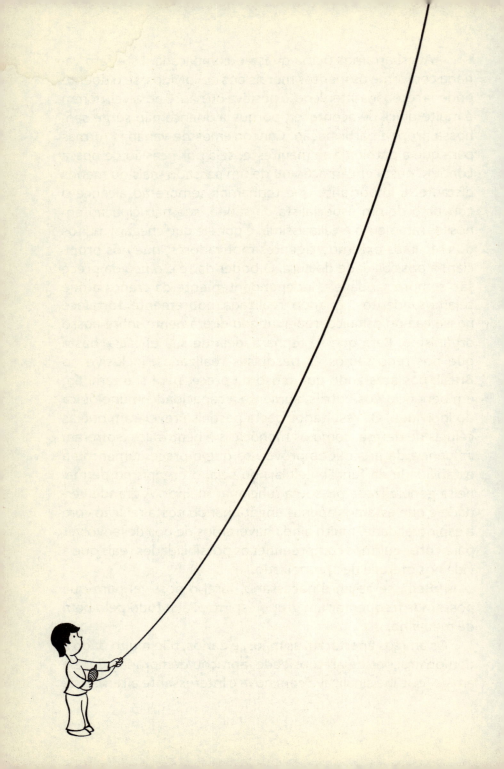

# 2 Surge uma esperança

Após a conversa com seu bom amigo, Carlos retornava ao lar inundado por uma fortalecida esperança. A possibilidade de encontrar auxílio para as aflições familiares proporcionava-lhe uma sensação de conforto indescritível, como há muito não sentia.

Da espiritualidade, dona Isolete acompanhava o estimado filho, envolvendo-o em pensamentos carinhosos e estimulantes. Os verdugos desencarnados, companheiros pertinentes de um passado de erros em comum, não encontravam brecha para maior aproximação. Desfazendo-se dos elos mentais que os uniam por dívidas pretéritas, Carlos se mantinha agora insensível aos apelos infelizes que lhe direcionavam.

Envolvido por esta sensação de alegria inexplicável, retornou ao lar. Encontrou o filho entretido com os jogos eletrônicos, falando sozinho como de costume, e a esposa esparramada no sofá, assistindo a mais um capítulo da novela.

Adoraria dividir a nova esperança que a oportunidade levantada pelo doutor Pastrana lhe descortinara. Queria logo informar à família que a situação de Manoel ainda tinha jeito, mas entendeu que não conseguiria a atenção da esposa enquanto a novela estivesse sendo apresentada.

– Vou tomar um banho e depois comento a novidade – pensou o advogado.

A novela terminara, já haviam jantado e Manoel encaminhava-se para seu quarto. O menino estava mais calmo ultimamente, mas as altas dosagens de tranquilizantes que o faziam ingerir haviam o transformado numa criança extremamente apática.

Manoel literalmente desabava na cama, acordava somente no outro dia, já pela metade da manhã. Com o uso da medicação, parecia que seu sono era tranquilo, mas a verdade era que a situação espiritual não se alterara. Os mesmos espíritos ainda o assediavam constantemente. A prostração física o colocava quase que 14 horas diárias em contato direto com os indigestos companheiros durante o período em que dormia.

Enquanto dormia, seu espírito mantinha-se atrelado ao corpo, preso por influência dos tranquilizantes que o limitavam igualmente na espiritualidade. Seu desconhecimento da relação com a espiritualidade não o permitia, no período de sono, vislumbrar as possibilidades de fugir aos efeitos dos remédios que o dificultavam a saída do corpo por influenciar as funções orgânicas.

Durante o sono do corpo físico, o espírito do encarnado desfruta de uma liberdade relativa ao seu padrão de desenvolvimento e conhecimento da espiritualidade. Manoel acostumara-se a não pregar os olhos quando percebia que estava com companhias espirituais. Acendia a luz, jogava vídeo game, fazia tudo que podia para conseguir manter os olhos abertos durante as noites, chegava até a se esconder no armário. Mas agora, sob efeito de tranquilizantes, não conseguia mais fugir desse assédio, permanecendo acordado como antes. Mantinha-se rente ao corpo, aflito pelo contato obsessivo das "vítimas" do passado que o acusavam sem piedade.

Durante o dia, a medicação permanecia fazendo efeito por um bom tempo, sua influência reduzia-se lentamente, mas somada a outras drogas que recebia diariamente, mantinha um estado constante de apatia. Manoel tornara-se profundamente melancólico, sem vontade; em outras palavras, sem vida.

Esta situação, de certa forma, aliviara a aflição dos pais, que acreditavam numa efetiva melhora devido à pausa nas constantes crises que o menino sofria, o que na verdade não ocorrera. A falta de informação nos faz pensar que a ausência de sintomas significa um restabelecimento, quando em muitos casos o mundo íntimo do doente encontra-se em ebulição contida. Contenção essa que, forçosamente obtida por intermédio de medicação, pode culminar em uma violenta erupção no futuro.

Em certos momentos preferimos imaginar que o doente está bem, escondendo os sintomas por egoísmo; muitas vezes não estamos pensando realmente em aliviar o doente e sim em exterminar a situação que nos incomoda pela constante observação da agonia do enfermo. Ver o sofrimento dos outros, em alguns casos, nos remete a nossa vulnerabilidade, nos faz pensar que também somos mortais e que um dia chegará também nossa hora. Isso muito nos incomoda, pois aprendemos a considerar a despedida terrena como uma desgraça. Somos ainda muito egoístas diante da dor alheia.

Devido a esse sentimento, nos esquecemos de que, por detrás de um corpo doente, existe um espírito imortal, que passa – é verdade – por um momento delicado, mas que, assim como todos nós, sonha em ser feliz.

A medicação de Manoel mantinha a situação sob controle do ponto de vista físico, a rotina tornara-se estável. Uma preciosa vida vinha sendo obliterada, impedida de se desenvolver normalmente em função da alta dosagem de medicamentos que, por falta de conhecimento espiritual, os médicos receitavam. Não era nem um pouco confortável para Manoel aquela situação, mas não podíamos dizer o mesmo sobre seus pais, que já não sofriam mais com a visão do filho atormentado, o que os apaziguava um pouco.

Na verdade, o sofrimento do menino agravara-se, somente não era exteriorizado, pois ocorria em desprendimento espiritual durante o sono. Isso impedia que Manoel lembrasse de tudo, mas não o livrava dos efeitos, que se faziam cada dia mais visíveis em sua fisionomia. De acordo com o comportamento egoísta do ser humano, se o sofrimento não for explícito, está tudo bem, ele também não sofre, isso não mais o incomoda e nem lhe diz respeito.

Diante dos débitos contraídos no passado, Carlos parecia o mais esforçado para manter os objetivos que sentia intimamente ter assumido antes de reencarnar. Quando se corrompera junto a Manoel e Aureliana em existência anterior, o fizera mais por fraqueza moral do que propriamente por maldade. Por essa razão, era quem dispunha de maiores possibilidades de transformação no momento. E desta vez parecia disposto a enfrentar todas as dificuldades por um objetivo maior.

Mantinham, Aureliana e Carlos, as formalidades conjugais aos olhos dos vizinhos, encenavam perfeitamente perante Manoel, pois temiam que pudesse haver um agravamento de sua situação no caso do divórcio. Porém, intimamente, já estavam desquitados. Carlos, há algum tempo, dormia no sofá-cama do quarto de casal.

Quando ambos, Carlos e Aureliana, estavam prontos e dispostos a se acomodar em seus leitos, o ainda esposo perante a lei terrena decidiu ser oportuna uma conversa séria com a esposa.

– Aureliana, gostaria de conversar sobre o tratamento do Manoel.

– A essa hora?! Por que não falou antes, quando eu não estava com tanto sono?

– Acho que a saúde de nosso filho não precisa de hora marcada para ser abordada.

Carlos já não tinha a menor paciência com as constantes fugas da esposa no que dizia respeito à situação afligente do filho.

– Sem lições de moral, senhor Carlos! Já estou vacinada contra suas lições. Anda, fala logo o que você tem a dizer, já que não tem outro jeito mesmo!

Aureliana, devido ao descontrole, à vaidade e principalmente por seu desinteresse em coisas que não lhe trouxessem prazer, não fora informada das minúcias que envolviam a delicada situação de Manoel.

Carlos contava naquele momento, nos mínimos detalhes, tudo o que ocorrera com o filho desde o dia em que o chamaram para comparecer na escola. Na medida em que o relato era proferido, os olhos de Aureliana se enchiam de lágrimas; era mãe, e mesmo com todas as falhas, tinha também, do seu modo, apreço pelo filho.

Aureliana parecia estar comovida com a situação relatada. Ao constatar sua comoção, Carlos tinha a esperança de que a opinião intransigente com relação a um acompanhamento espiritual pudesse naquele momento ser contornada. O tratamento sugestionado pelo amigo médico surgia como única alternativa para evitar uma internação.

Bastou, no entanto, que insinuasse essa intenção de aderir a um tratamento condicionado à renovação moral através dos conceitos de Jesus, sob a visão espírita, para que a esposa mudasse completamente de estado íntimo. Percebera Carlos que seria improvável conseguir levar Manoel com ele a um centro espírita sem que houvesse maiores atritos dentro do lar.

Da espiritualidade observávamos que Aureliana estava imantada sob a ação eficaz de um desencarnado, um dos que mais desejavam a desgraça daquela família, que com habilidade estimulava o afloramento de todas as suas imperfeições. Por sua têmpera acomodada, Aureliana se desviava facilmente dos reais objetivos que a atual encarnação lhe requisitava. Disposta a encaminhar seu companheiro de erros, agora na condição de filho, a despertar para a religiosidade, despencara novamente nas futilidades que significaram sua perdição em um passado não muito distante. Oferecia tão vasto campo de ação ao obsessor com quem se acostumara fortemente a conviver que parecia, por vezes, tratar-se de dois espíritos habitando um mesmo corpo.

A influência de Teobaldo, obsessor obstinado, sobre Aureliana, atingira tamanha gravidade que em pouco tempo começaria ela a ter seu sistema nervoso prejudicado irreversivelmente. Seria necessária urgentemente a mudança de padrão mental e comportamental, primando ela por fomentar os bons pensamentos e as elevadas conversações ao invés das fofocas que gostava tanto de partilhar com as amigas.

Após rápida discussão, já que Carlos percebera que nenhum argumento alteraria a posição de Aureliana, preferira contemporizar. Em breves minutos, ambos dormiam cada um em sua cama.

●

Passava pouco da meia noite. Carlos dormia embalado pela esperança nele incutida das novas possibilidades de tratamento para Manoel, já Aureliana parecia estar envolta em afligentes pesadelos.

Neste mesmo instante, a mãe de Carlos adentrava volitando discretamente no quarto do casal. Aproximando-se do filho, passou a magnetizá-lo como se estivesse acariciando-o sem tocar. Aos poucos uma massa esbranquiçada de composição aparentemente gasosa ia se adensando ao redor de Carlos. Em poucos instantes esta substância estava estruturada na forma exata de uma duplicata do corpo orgânico dele.

Aos poucos, sob a direção efetiva de dona Isolete, Carlos despertava sonolento em sua duplicata espiritual.

– Que horas serão agora? – pensava Carlos – Meia-noite e quinze, foi ainda há pouco que me deitei, o que será que deu em mim para estar de pé a esta hora?

Carlos não havia atentado para seu corpo físico, que permanecia em repouso no sofá-cama. Dona Isolete permanecia inacessível visualmente para o filho devido à incompatibilidade de padrões vibracionais.

Intuído pela genitora, Carlos vira-se para o leito de onde imaginara acordar.

– Meu Deus, o que é isso? – exclamou assustado – Como? Como pode ser? Como posso eu estar aqui de pé e deitado no sofá ao mesmo tempo?

Ainda assustado imaginava que tudo aquilo pudesse ter alguma ligação com suas últimas conversas sobre Espiritismo.

– Não, não deve ser nada disso. Devo estar somente sonhando.

O pai de Manoel estava aflito, realmente confuso, não sabia direito o que pensar, tudo parecia real demais para ser somente um sonho.

Aproximando-se de seu corpo que dormia inerte, tentou voltar a dormir, mas não conseguia. Estava por demais excitado com o que lhe sucedia, sem encontrar explicação.

– Será que estou morto? – perplexo se indagava – A morte será assim? – entre essas divagações, constatou, para seu alívio, que seu corpo ainda respirava. – Mas, então, o que está acontecendo comigo?

Assustado, aprofundando as reflexões e inspirado pela orientação da mãe desencarnada, que se conservava ao seu lado, invisível para ele naquele instante, acabou por lembrar das palavras que ouvira do amigo médico, "a prece é uma ferramenta de auxílio diante do desespero". Ainda em suas reflexões conversava intimamente, não sabendo que contava com a participação da genitora em suas ideias. – Será que rezar adianta? Bom, na minha situação não custa nada tentar, talvez consiga acordar deste pesadelo esquisito.

Mesmo desacostumado à prece, Carlos, envolvido pelos fluidos que a mãe lhe endereçava, conseguiu mentalizar uma comovente petição. Quase que instantaneamente sentiu-se asserenar, o raciocínio parecia aquinhoar desenvoltura além do comum. Foi quando ouviu uma voz:

– Carlos. Carlos, meu filho – eram as primeiras palavras de Isolete emocionada.

– O que é isso? Agora isso ainda? Estou ouvindo coisas também?

– Meu filho, desfaça-se da presunção de tudo saber com relação à vida. Dispa-se de seus preconceitos. Não desperdice a oportunidade que Deus agora lhe oferta.

– Eu conheço essa voz, espera aí... essa voz...essa voz é da minha... – foi tudo o que conseguiu dizer antes de cair em choro.

– Sim meu filho, sou eu, sua mãe – disse Isolete igualmente emocionada e grata à divindade por poder se comunicar com o filho naquele momento em que ele passava por tantas dificuldades.

Continuou a falar policiando as emoções para não desperdiçar a oportunidade que recebera.

– Por favor, meu querido Carlos, ouça com atenção o que venho lhe advertir.

Carlos chorava emocionado, ainda confuso com o que ocorria.

– Faz um bom tempo que venho acompanhando de perto as dificuldades pelas quais toda a família tem passado. Creia que não se encontram desamparados em instante algum. Na noite de hoje, a muito custo, recebi permissão para lhe transmitir o apelo para que aceite a ajuda sugerida.

Dona Isolete, que não nos via por estarmos em estudo junto aos seus supervisores, continuava sob a atenção do filho:

– Não tema os empecilhos, nem todos os males do mundo podem destruir o amor de Deus para conosco. Lembre-se do apelo que lhe faço, não permita que o ceticismo o leve a tomar esta manifestação como um simples sonho. Agora, preciso ir, meu tempo se esgota. Saiba que sempre estarei ao seu lado, enquanto Deus assim me permitir.

– Não, não vá ainda. Tenho muito o que perguntar. Preciso

de você... volta...volta...! – Os apelos de Carlos foram perdendo força juntamente com sua voz embargada pelo sono. Em breves instantes se via tomado de grande sonolência e adormecia gradualmente.

Enquanto seu perispírito (nome dado ao corpo que reveste o Espírito) reingressava na vestimenta corporal, Carlos acordava lentamente. Muito suado, lembrava de parte do que ocorrera no encontro de ainda há pouco com a mãe. Na mesma medida em que despertava no corpo físico, perdia detalhes da conversa, retendo apenas pequena parcela na memória.

– Sonhei com minha mãe de novo – pensava ele. – Desta vez foi mais real. Ela me pediu para adotar os conselhos do Pastrana. Estranho, o sonho está todo embaralhado na minha cabeça, mas lembro perfeitamente de uma frase: "não levar esta manifestação na conta de um simples sonho". Que coisa!

A magnetização empreendida sobre Carlos, para que pudesse lembrar melhor de sua vivência espiritual, fora bem sucedida. Dependeria somente dele mesmo seguir ou não o conselho. Carlos, ainda um pouco impressionado, tomou alguns goles de água e logo voltava ao sofá-cama.

●

Em breves minutos Carlos voltara a dormir. Aos nossos olhos permaneceu mais alguns instantes junto ao corpo inerte e logo após desdobrou-se espiritualmente, deixando o corpo em repouso. Não nos identificava devido ao diferente padrão vibratório e, livremente, buscou as atividades de seu interesse pessoal.

Por causa das diferenças entre as dimensões das estruturas que compõem o nosso envoltório, grande parcela da humanidade apresenta sérias restrições para recordar os eventos que vivenciam durante o descanso do corpo.

Pudemos perceber que Aureliana não saíra do corpo para conviver semiliberta na espiritualidade. Sua fisionomia demonstrava aflição, parecia envolvida em angustiante pesadelo. Fora-nos permitido observação mais profunda do que se passava com a mãe de Manoel.

Ao aguçarmos nossa visão espiritual sobre a mente daquele espírito que permanecia como que enclausurada ao corpo, constatamos ocorrer ali uma indução magnética dirigida por um outro espírito. Teobaldo, o mesmo espírito que encontramos na véspera, exercia influenciação prejudicial sobre Aureliana.

A mãe de Manoel, presa por forte sentimento de culpa devido ao passado que os relacionava, era conivente com o desejo de desforra do obsessor. Víamos com os olhos da alma como que um filme reproduzido mentalmente pela companheira adormecida.

Primeiramente contemplávamos as lembranças doloridas de Aureliana quando se chamava Carmem, influenciando o marido, Diogo, atualmente seu filho Manoel, a cobrança financeira abusiva de dívidas assumidas por este mesmo Teobaldo. A quitação de tal dívida fez com que Teobaldo e sua família, mulher doente e três filhos pequenos, perdessem a casa onde residiam, além de toda condição mínima de sustento. A esposa, já fragilizada pela enfermidade, não resistira ao despejo. Teobaldo, insano, descuidara-se das crianças, igualmente adoecendo contagiado pela mesma tuberculose que vitimara a esposa. Perecera aos poucos, ruminando todo o ódio que sentia de Diogo Alvarez e, principalmente, de Carmem Alvarez, à qual sabia que o dinheiro somente servia para satisfazer caprichos desnecessários.

O desconhecimento do paradeiro dos três filhos acompanhara Teobaldo até a morte. A comunidade local, que não simpatizava com os Alvarez, ficara indignada com a desdita da pobre família, bem considerada por todos. A maior parcela de responsabilidade fora arrojada sobre Aureliana (então Carmem), que mesmo orgulhosamente não admitindo sua participação direta ou indireta no caso, levou guardado nos escaninhos da alma esta lembrança, que hoje lhe serve de porta de acesso à obsessão.

Após serem reproduzidas as imagens do passado, víamos Carmem na espiritualidade, após o desencarne, sendo acusada por muitos espíritos pelas desumanidades perpetradas em nome de sua excentricidade. O peso dessas acusações a desequilibrara, e após longos sofrimentos aceitou assistência em um posto de socorro, vindo em seguida a ser encaminhada ao reingresso no corpo físico para nova reencarnação.

Fugindo da opressão dos vingadores que a cercavam, escondera-se em uma nova morada, conviveria com família humilde, com poucos recursos financeiros. Desde cedo apresentara o ressoar de muitas de suas excentricidades, mesmo que incompatíveis com sua condição social. Por essas e outras reincidências, permitira a Teobaldo e outros "vingadores" que a encontrassem. Esses obstinados perseguidores queriam vê-la sofrer tanto quanto imaginavam terem sofrido por causa dela, inconscientes da lei de amor que nos estimula ao perdão incondicional.

Após nos inteirarmos superficialmente do histórico de Aureliana, seguimos observando a forma precisa com que as leis divinas permitiam que o mal se convertesse em um bem que apaziguaria o remorso, diminuindo a culpa inconsciente que Aureliana carregava.

Teobaldo, por pensamento, encontrava-se ligado a Aureliana. Nos últimos dias perdera espaço de atuação dentro do lar de Manoel, mas mantinha-se atrelado ao sentimento de culpa que a mãe do menino nutria de maneira inconsciente e os interligava a débitos pretéritos. Aureliana, jungida ao corpo, recebia mentalmente o peso das acusações a ela endereçadas. Estas acusações, o desejo obsessivo de vingança que a alcançava, contavam com a atuação de sua própria capacidade de interpretação, que convertia os sentimentos de ódio que lhe atingiam em cenas onde se imaginava torturada por criaturas monstruosas, que ininterruptamente a acusavam de assassínio.

A noite transcorrera assim, cada personagem colhendo as próprias aflições que havia infligido aos outros no passado. Como não poderia deixar de ser, por toda a noite mal dormida, Aureliana despertava cansada e abatida, o que repercutia diretamente sobre seu humor, sempre bastante instável. Não lembrava detalhadamente da atuação magnética negativa que recebera, mas diversas vezes acordava com a impressão de que não havia dormido, devido à extrema sensação de cansaço.

Aos poucos, os adultos da casa levantavam para seus afazeres cotidianos. Manoel permanecia prostrado no leito normalmente até próximo do meio-dia.

Carlos despertara ansioso, lembrava de alguma parte do "sonho" com a mãe desencarnada. Esperava para logo a ligação de seu amigo, Pastrana, que lhe forneceria informação dos procedimentos novos que poderiam beneficiar a inalterável situação de Manoel.

•

Aureliana combinara com uma conhecida de visitar uma amiga nos arredores de São Paulo, fariam a visita ainda pela parte da manhã, por isso saíra bem cedo. Carlos tomava seu café e passava os olhos pelo jornal, aguardando ansioso o contato com o amigo. Havia desmarcado qualquer compromisso naquela manhã, para, se possível, encaminhar de imediato Manoel à nova linha de tratamento. Manoel mantinha-se no quarto, dormindo sob efeito dos sedativos.

Fazia pouco tempo que Aureliana havia saído quando o telefone tocou, aumentando a ansiedade de Carlos. Do outro lado da linha, a voz do tão esperado amigo se fez ouvir:

– Carlos? Bom-dia.

– Bom-dia.

– Como estão as coisas?

– Calmas, na medida do possível.

– Consegui falar ainda há pouco com um colega que é psiquiatra. Relatei-lhe o que sabia do caso de Manoel e ele ficou interessado em ajudar. Disse já ter lidado com situações semelhantes, colocou-se à disposição.

– Ótimo, ótimo. O que preciso fazer? Onde o encontro?

A simples possibilidade de existir uma alternativa viável para alterar a situação de Manoel enchia Carlos de esperanças.

– Hoje, pela manhã, ele atende em seu consultório no centro, próximo ao seu escritório de advocacia. Falou-me que você poderia ir até lá ainda hoje caso quisesse, compreendeu que você deveria estar bastante angustiado com a situação.

– Claro. Por favor, me dê o telefone do consultório.

A conversa com a mãe desencarnada, mesmo que não pudesse ser lembrada na integralidade, preenchera-o de otimismo e renovara as esperanças de Carlos. Ele anotou os dados necessários ao contato com o novo psiquiatra e prosseguiu a conversa:

– Mais algumas recomendações – insistiu Pastrana antes que o amigo desligasse o telefone. – As dificuldades tendem a se acentuar no momento em que os acompanhantes espirituais perceberem que começam a perder espaço de ação sobre sua presa.

– Como assim? – Para Carlos tudo aquilo era muito novo.

– Os obsessores, como denominamos esses espíritos que se aproximam de nós com o objetivo de nos prejudicar, tentarão de tudo para impedir que mexamos no que eles consideram seus domínios e direitos. Utilizarão meios perspicazes para impedir, atrasar e prejudicar o tratamento.

– Eles têm esse poder? – essa possibilidade assustava Carlos. Como enfrentar aquilo a que não estava acostumado e nem mesmo conseguia ver?

– Podem induzir pequenas indisposições aos desavisados, enjoos, dores de cabeça, complicações estomacais, tudo que possa desestimular o comparecimento ao tratamento devido.

Caso não consigam atingi-los diretamente, vão utilizar meios indiretos, influenciando pessoas próximas, complicações no trabalho, no lar e tudo o mais que conseguirem amealhar criativamente para atrapalhar o trabalho de harmonização do menino e da família toda de uma forma generalizada.

– Isso é bastante assustador. O que eu posso fazer? Deve haver algo que eu possa fazer para me defender destes ataques gratuitos?

– Lembre-se primeiramente de que os obsessores agem pela crença de estarem fazendo justiça. Possivelmente existem ligações pretéritas que os unem a eventos em comum, em que deve ter ocorrido algum tipo de atrito, que, pelo endurecimento moral dos envolvidos, tende a se repetir, em menor ou maior intensidade, na atualidade.

– Outra existência? Está falando de vidas passadas? Isso também existe?

A cabeça de Carlos era uma confusão só, nunca havia refletido sobre o sentido e a forma que a vida se manifestava. A lógica libertadora que o Espiritismo suscitava estava ainda distante de suas convicções materialistas.

– Ah, meu amigo! Estou percebendo que você tem muito que pensar e estudar. Acredito que com sua capacidade intelectual, assim como aconteceu comigo, irá também se encantar com a filosofia espírita e com as possibilidades que a mesma nos descortina através de seus postulados. Mas por agora nos preocupemos com aquilo que necessitamos de imediato.

A conversa seguia ao telefone:

– Carlos, tem o costume de rezar?

– Não muito. Para dizer a verdade é muito raro. Minha mãe me ensinou quando era pequeno. Rezávamos à mesa. Com a saída de casa para estudar, descuidei do lado religioso.

– Então deve retomar urgentemente este hábito. Como íamos dizendo, os acompanhantes espirituais de Manoel têm seus motivos para estarem junto a ele. Jamais deve sentir-se injustiçado, nada acontece sem que nos façamos merecedores. Em hipótese alguma deve zangar-se ou lançar-se mentalmente em luta contra esses obsessores. A luta que deve travar precisa ser contra si mesmo, contra suas imperfeições, seu lado egoísta e negativo.

– E como devo agir então?

O contato noturno com dona Isolete surtira o efeito fundamental de aplacar o orgulho e o ceticismo de seu filho para que houvesse maior receptividade diante da opinião do médico.

– É uma tendência natural nos sentirmos injustiçados por não conseguirmos vislumbrar toda a situação que nos envolve, não conseguimos perceber o que fizemos no passado para merecer o que vivemos no presente. Acabamos por assumir o papel de vítimas perante a vida. Precisamos entender que somos os arquitetos de tudo aquilo por que passamos e que igualmente estamos no agora construindo as possibilidades do amanhã. Como dizia, a prece altera nossas vibrações, faz com que, mudando nosso padrão mental, tenhamos possibilidade de sermos inspirados por amigos espirituais que nos desejam o bem.

– E como eu faço essa prece? O senhor tem falado tanto dela que não posso me furtar de sua prática.

Para aqueles que não estivessem observando todas as dificuldades que vinham diuturnamente abalando Carlos na intimidade, essa mudança rápida de comportamento pareceria impossível. Se regredíssemos poucos meses no tempo nos depararíamos com um sujeito extremamente egoísta e preocupado com as possibilidades de amealhar mais e mais recursos financeiros. A lei divina, que concorre para o desenvolvimento das potencialidades da alma, aproveita-se, por vezes, da dor para estimular o espírito ao mergulho na reflexão libertadora.

– Que bom ouvir isso de você, meu amigo. Sua intenção vai facilitar muito todo o processo que iniciaremos. Quanto à prece, simplesmente seja sincero. Converse com Deus como se Ele fosse o mais íntimo de seus amigos, abra seu coração, divida com Ele seus medos, anseios. Deus sabe tudo de que necessitamos, e você receberá a força de que precisa para enfrentar as dificuldades passageiras que o assolam. Tenha fé, muita persistência. Toda mudança começa dentro de nós mesmos, para só mais tarde, então, seus reflexos atingirem a superfície e posteriormente o exterior.

– Obrigado, Eusébio; mais uma vez, muito obrigado. Não sei como lhe agradecer.

– Deixe disso. Um dia Deus me concedeu a oportunidade de entrever luz quando me encontrava na escuridão. Fico feliz se um pouquinho dessa mesma luz puder hoje auxiliar um amigo, iluminando a direção que deve tomar.

– Obrigado, e um abraço.

Carlos estava emocionado, algo havia realmente mudado nele. Era esse era o primeiro passo para modificar a situação que os envolvia.

– Tchau, Carlos. Manterei contato. Abraço.

●

Seguindo impulso inadiável, entrou Carlos no quarto onde dormia aquele que na encarnação atual Deus permitira que renascesse como seu filho. Manoel dormia hebetado, inerte sob efeito da medicação.

Sentando ao lado da cama, observava aquele serzinho, na mais pura expressão da inocência humana. Com os olhos marejados, relembrava o passado, os dias em que o pequeno Manoel pulava em seu pescoço em algazarra. Essa imagem contrastava grotescamente com a expressão fisionômica do atual Manoel. No que se transformara seu filho? Perguntava-se entristecido.

Embalado por esta pungente melancolia, ante a constatação da dor que afligia aquele lar outrora tão alegre, dilatava seu anseio por tranquilidade, almejava intimamente conhecer a verdade, beber da fonte sublime do Criador. Ansiava esperançosamente adquirir algo da fé cristã, aquela que, atingindo o tamanho de um grão de mostarda, poderia mover montanhas, nas palavras de Jesus.

Carlos questionava mentalmente onde estaria Manoel. Impossível que aquele menino apático e há tanto tempo sem vivacidade fosse seu filho daquela época. Devia hibernar, vestia-se então da crisálida arquitetada por seus deslizes passados, aguardava que, pela força do amor, os primeiros raios de sol viessem promover a mudança de estação, para que transmutasse de lagarta para borboleta perante a vida. A larva precisaria adormecer antes de libertar sua própria consciência.

As lágrimas conduziam a vida como um fio condutor canaliza a eletricidade. Por amor ao filho, calava todas as imperfeições que possuía, permitindo uma conexão com a esfera do divino.

– Deus... sei que não tenho sido um bom cristão – assim iniciava timidamente sua prece. – Muito tenho deixado a desejar, tenho lembrado de ti somente nos instantes de auxiliar-me em meus interesses mesquinhos. Sei que não mereço mais do que me concedes da vida, mas não peço por mim na manhã de hoje. As palavras de hoje são para meu filho – pela atitude humilde, colocava-se em posição receptiva. – Este garotinho que colocastes sob minha tutela encontra-se em grande aflição. Admito que eu pouco saiba sobre a vida. Jamais em minha ignorância poderia questionar tua justiça e sabedoria. Se possível, Deus, ajuda meu filho, daria minha vida se preciso fosse. Já alimentei demasiada revolta em meu interior por não compreender tamanha desdita, cansei deste procedimento, entrego a vida de Manoel em tuas mãos para que se cumpra a tua vontade. Por favor, ensina-me a compreender essa vontade, a fim de que eu possa trabalhar concorrendo para que ela se concretize.

Em lágrimas, retornava Carlos de seu pequeno momento

de êxtase. Do espaço, gotículas intermináveis do hálito do Criador magnetizam todo o ambiente doméstico, trazendo paz e tranquilidade ao pai aflito e igualmente aliviando momentaneamente a situação do menino.

Fortalecido e inexplicavelmente confiante, Carlos acordou o filho e o auxiliou nos preparativos para a consulta que acabara de combinar com o psiquiatra indicado pelo amigo.

Mesmo diante de agigantadas provações, a misericórdia divina permite momentos de relativa tranquilidade, despertando campo propício às reflexões; enveredando pela mudança de rumo, na renovação íntima; encontrando forças para a resignação perante a colheita inadiável do sofrimento que cultivamos; fomenta-nos o espírito de maior lucidez e preparo para os embates do cotidiano.

# 3 Dificuldade de aprendizagem

Seguiríamos com nossas observações. O caso de Manoel teria seu prosseguimento sob a supervisão daqueles amigos que o tutelavam da espiritualidade. Surgira para nós a oportunidade de colher apontamentos, relacionados com as interferências mediúnicas que nos envolvem frequentemente e que, por falta de conhecimento, acabamos por tornar desequilíbrios os mais diversos.

Deslocamo-nos para estado próximo da federação brasileira, uma cidade do interior do Paraná. Fora-nos informado que acompanharíamos um caso de dificuldade de aprendizado, bastante comum entre as crianças.

Aportamos em uma casa simples, de classe média, sem excessos, mas bastante confortável. Nessa residência viviam quatro pessoas, José Afonso, pai trabalhador da indústria local; Maria Josefa, mãe devotada que trabalhava meio turno enquanto as crianças estavam na escola; Ana Beatriz, carinhosamente chamada de Bea pelos familiares e amigos, uma menina loura, de olhos cor do céu, dois anos mais nova que seu irmão, Rodrigo.

Rodrigo, para quem nossas atenções deveriam se dirigir, tinha nove anos. Estava na segunda série do ensino fundamental. Parecia um menino absolutamente normal, de compleição

59

tranquila e saudável fisicamente. O fato de estar repetindo a segunda série muito o incomodava, seus melhores amigos encontravam-se na série posterior. Nessa ocasião, era o menino mais velho da sua turma de escola.

Sua irmã, na primeira série, era uma sombra que sem querer o pressionava intimamente no lar. Menina dócil e de uma perspicácia incomum, surpreendia a todos pela facilidade que demonstrava para aprender coisas novas. Na metade do ano letivo já lia e escrevia com desenvoltura, encantava a todos com seu rápido desenvolvimento.

Encontráramos Rodrigo, em nosso primeiro contato, sentado sobre o tapete da sala brincando solitário com carros de corrida. O menino estudava à tarde e o meio-dia se aproximava.

O pai, José, tinha o hábito de almoçar em casa. Dona Josefa, como era chamada costumeiramente pela vizinhança, aprontava o almoço do dia. Depositada sobre a mesa da cozinha, estava a última prova de Rodrigo. Tirara novamente uma nota ruim, e, por norma da escola, deveria retornar com a prova naquela tarde assinada por um dos responsáveis.

Ao adentrar a cozinha, José Afonso percebeu o papel e o pegou para compreender do que se tratava. Após rápida leitura, dirigiu-se interrogativo para a esposa.

– Você já viu isso? – Mostrando a prova para a esposa, que aprontava o almoço.

– Vi sim.

– E o que o Rodrigo falou desta vez? – perguntou nervoso o pai do menino.

– Nada. Parecia bastante envergonhado ao me entregar a prova para que assinássemos. Ele sabe que não está bem na escola. – falou a mãe do menino, na tentativa de apaziguar os ânimos do marido bulhento.

– Devia mesmo estar envergonhado. Assim vai repetir de ano novamente. Precisa tomar jeito logo, ele tem condições muito melhores do que as que eu tive.

Esse é um dos grandes problemas dos pais, embora não façam com a intenção de prejudicar, estão constantemente comparando sua situação na infância com a de seus filhos. Desejam admiravelmente o bem-estar deles, mas cobram constantemente que os mesmos correspondam às suas expectativas, pressionando em demasia a estrutura emocional em formação das crianças. Acabam por pesar negativamente com relação às verdadeiras aspirações que cada um traz em sua intimidade. Precisamos, enquanto pais, nos lembrar de que, mesmo que as oportunidades externas sejam melhores ou semelhantes às que obtivemos em nossa infância, estamos lidando com seres extremamente antigos vestindo momentaneamente um corpo infantilizado, e que, sendo assim, trazem consigo uma enorme bagagem emocional, aspirações, inclinações e dificuldades muito particulares. O papel dos pais é conduzir moralmente o amadurecimento dos pequeninos, sem querer transformá-los no que não são. Podando, sim, as inclinações negativas e estimulando a moralidade e a educação construtiva.

Continuava o pai de Rodrigo.

– Ah, mas essa noite eu pego ele. Vamos ter uma boa de uma conversa. Ele vai ver só uma coisa – seu tom de voz era ameaçador.

A irritação do pai de Rodrigo devia-se principalmente à situação por que vinha passando na indústria onde trabalhava. A crise financeira rondava o lar e todos os funcionários sentiam-se pressionados pela possibilidade de perder o emprego. José refletia toda essa angústia para os que o rodeavam, principalmente entre os familiares, com quem podia ser ele mesmo, já que no trabalho sentia-se impotente para dar uma solução definitiva na situação incômoda. Nos dias tumultuados da atualidade é bastante comum nos atritarmos pelo menor motivo com aqueles que nos rodeiam. A falta de paciência nos tem precipitado em inúmeras injustiças, principalmente dentro do lar. São raros aqueles que esperam alguns minutos em uma fila sem resmungar, que seguram uma porta aberta para permitir que alguém passe, que sabem dar preferência aos idosos; reflexos de uma sociedade atrasada moralmente.

O diálogo continuava na cozinha.

– Por favor, José, fale mais baixo e se contenha. De que adiantaria bater em Rodrigo? – solicitava e questionava a esposa ao mesmo tempo.

– No meu tempo resolvia – respondeu secamente.

– Era isso que você achava quando seu pai chegava bêbado a casa e agredia você, sua mãe e seus irmãos?

– Isso era completamente diferente. Não compare as coisas, em nosso caso apanhávamos sem motivo – esquivava-se o marido.

– E qual é o motivo para agredir o Rodrigo?

– Quero que ele tome jeito, ele não pode repetir o ano mais uma vez.

– Será que ele quer repetir o ano? Ou você acha que ele está gostando de ver todos os ex-colegas, seus amiguinhos, um ano a sua frente, sua irmã o alcançando, e por isso vai querer fazer tudo mais uma vez? Por favor, seja mais razoável – dona Josefa eficazmente, apesar da exaltação, parecia conseguir contornar a situação.

Continuava ainda:

– Já parou para pensar que talvez o Rodrigo tenha mesmo uma dificuldade maior para aprender? Pensa que ele não sabe o que se passa? Será que a cara envergonhada que ele apresentava quando me trouxe a prova para ser assinada era só fingimento de um filho calculista?

Com estas palavras, Maria Josefa conseguira trazer o esposo de volta à realidade, fazendo com que José abandonasse a revolta que inconscientemente transferira da situação do emprego para o filho fragilizado.

– Tá, mulher. Deixe isso para lá então. Serve logo esse almoço para que eu não me atrase na volta ao trabalho – José Afonso era extremamente orgulhoso e não gostava de admitir que a mulher, mais sensata, estava com a razão. Ele, então, percebendo que estava errado, mudara de assunto, pois não queria continuar, no seu entender, levando sermão.

Na sala, Rodrigo, agora desfrutando da companhia da irmã, escutara parte do diálogo que ocorrera na cozinha. O pouco que captou fora o suficiente para entender o que se passava e sobre o que conversavam, aumentando ainda mais a pressão que já sentia para que melhorasse seu rendimento escolar.

O almoço transcorreu rápido sem que se comentasse nota alguma sobre a discussão.

●

Nada de anormal era percebido por nós outros naquele lar tão comum. Fomos encaminhados àquela residência a fim de observar influenciações relacionadas à recepção mediúnica não educada, porém até aquele instante nada de peculiar havíamos notado, preferimos aguardar os acontecimentos em silêncio.

A condução que diariamente levava Rodrigo e Bea à escola estava em frente à casa, e nós, atentos, acompanhávamos a movimentação do veículo rumando para a escola.

Nada digno de comentários ocorrera até o momento em que nos aproximávamos do horário da aula dedicada a trabalhos manuais em artes. Aos poucos, a fisionomia de Rodrigo foi demonstrando apreensão, o menino passou a um estado de angústia e tornou-se irritadiço, tinha as características de um animal acuado.

A professora, senhora de meia idade, pedira que todos trabalhassem com tinta e pincéis, deixando que a imaginação livremente transformasse as imagens mentais em desenhos. Rodrigo recusava-se terminantemente a executar esta atividade. A professora já havia se acostumado, mas para nós, que observávamos pela primeira vez, parecia bastante curiosa a veemente recusa do menino.

Angustiado, assustado com algo que não compreendíamos, aguardava sentado os colegas finalizarem a atividade solicitada. Através de gestos e murmúrios, parecia tentar deslocar sua atenção de toda e qualquer referência a pinturas. Fazia enorme esforço mental para situar-se desligado do que acontecia em sala de aula.

Nesse ínterim, devido à nossa estranheza com a situação que percebíamos no garoto, aguçamos a curiosidade sobre o caso que acompanhávamos.

– Eis a questão que deveríamos observar – disse o instrutor que nos acompanhava, dirigindo o olhar para o garoto.

Curiosos, nos esforçamos por divisar a presença espiritual que possivelmente o estava perturbando. Para nossa total perplexidade, nada conseguíamos perceber. Não havia nenhum espírito atuando sobre o garoto, nada, nem mesmo uma atuação magnética à distância.

Em nosso socorro interveio mais uma vez Maximiliano:

– Realmente neste caso não existe a atuação externa no processo, todo desequilíbrio provêm do próprio espírito encarnado.

Ficamos por demais interessados e, finda rápida pausa, continuou o instrutor:

– Mesmo que dirigissem seus olhares percucientes sobre o aparelho encefálico do menino, na busca por agentes espirituais, nada encontrariam que atuasse externamente. Toda esta sintomática é provocada pelo desequilíbrio emocional do espírito, que repercute sobre o agente locomotor externo.

Seguia palestrando o arguto instrutor:

– Não estamos especificamente observando um caso de

mediunidade sem orientação, isso sob o enfoque da terminologia espírita. Observamos aqui um fenômeno fobofóbico, que teve origem pela má condução de processo anímico, ou, na classificação de Aksakof, personismo[3].

Como compreendem, o animismo é fenômeno que difere da mediunidade em termos conceituais, mas que na essência tem igualmente sua origem numa faculdade do espírito. O que diferencia estes fenômenos conceitualmente é o fato de existir ou não a participação de um agente externo, no caso um espírito, sensibilizando o sensitivo. A mediunidade, para sua conceituação, exige a participação de um espírito que não seja o do próprio médium, o animismo refere-se ao afloramento da sensibilidade perceptiva por parte do próprio espírito, que interage diretamente no processo.

Enquanto nosso orientador discorria sobre o tema, recordava-me das inúmeras vezes que ouvi estudiosos da Doutrina Espírita equivocadamente condenarem a ocorrência de fenômenos que partissem da própria capacidade sensível do espírito do médium.

Captando minhas reflexões, Maximiliano dera diferente rumo à conversação, nos esclarecendo:

– Não podemos desconsiderar as faculdades sensíveis inerentes às possibilidades espirituais. Desenvolvendo-nos em constante processo evolutivo, tendemos a dilatar nossa capacidade de relação com o mundo espiritual, tornando-nos não somente intermediários, mas igualmente estudantes da esfera espiritual, mesmo que estejamos ainda a habitar a esfera material. Muitos foram os considerados gênios pela humanidade que utilizaram a sensibilidade anímica para dar cumprimento aos seus legados, intelectuais e artísticos. É correto afirmar que esses grandes vultos da humanidade contavam

---

[3] Expressão das experiências do espírito encarnado, desta e de outras encarnações.

com grande amparo espiritual, mas essa afirmação não inviabiliza a necessidade que possuíam estes ícones encarnados de arregimentar sensivelmente suas aquisições íntimas na perfeita consagração da tarefa. Einstein, por exemplo, não conseguiria chegar a suas brilhantes conclusões se não houvesse a possibilidade de mobilizar aquilo tudo que havia conhecido através dos tempos nos refolhos da própria alma. Mesmo a participação efetiva da espiritualidade não seria suficiente para fazer o grande gênio compreender suas teorias se não as retivesse em latência na intimidade.

É necessário que saibamos com muita sensibilidade precisar quando o animismo traz benefícios ou não. Porém, jamais devemos considerar esta faculdade como sendo descartável, ao contrário, precisamos educá-la e trabalhá-la, pois é através dela que manifestamos o que realmente somos, com todos os medos, acertos e imperfeições. O animismo é a chave para conhecermos a nós mesmos. Difere da mediunidade somente em sua forma de proceder nas atividades de intercâmbio mediúnico, pois ambas têm a mesma gênese, que é a sensibilidade do espírito.

Retornando à observação do menino, continuou:

– Este menino que observamos sofre por não saber lidar com a sensibilidade que possui, pelos distúrbios que produziu em seu próprio íntimo.

●

Dando-nos tempo para assimilar o conteúdo de sua fala, Maximiliano em breves instantes continuava a palestra:

– Em encarnação anterior, este menino esteve amplamente ligado à arte da pintura. Para que fique mais claro, vamos retornar um pouco no tempo, onde encontraremos este mesmo Rodrigo com outro nome em cidade cosmopolita europeia.

Sob o nome de Genaro, ele dedicara-se compulsivamente à

pintura. Por débitos passados, trazia consigo o ódio de companheiros desencarnados que o seguiam. Havia, ao longo de suas encarnações, quitado muitas de suas dívidas, alguns o perdoaram e outros receberam a benção da reencarnação para o esquecimento, porém dois obstinados espíritos a ele ainda se ligavam fortemente. Avesso a maiores vícios como sexo e álcool, a única brecha que encontraram os obsessores para alcançar seus objetivos fora incentivar o que Genaro mais amava, a pintura. Dotado de grande sensibilidade que direcionava para realizar os traços perfeitos que colocava nas telas, fora aos poucos sendo estimulado em sua vaidade. Tornando-se reconhecido, entregara-se de vez às atividades artísticas. Passava quase todas as horas de seus dias trancafiado em peça escura e úmida somente a trabalhar em suas obras. Completamente subjugado pelas entidades obsessoras, sonhava com um reconhecimento maior, trabalhava completamente descuidado da alimentação e do sono, pois poucas horas dormia.

Este hábito de se trancar e pintar incessantemente estendeu-se por um longo tempo e culminou por fragilizar suas faculdades mentais, deixando-o doente; pois, devido ao constante contato com a umidade, desenvolveu mortal pneumonia. Desencarnara solitário, sem ter tempo nem interesse em cultivar amizades.

Na espiritualidade fora imediatamente socorrido, pois apesar do descontrole em sua atividade, não era portador de más idealizações. Seus obsessores estão agora igualmente encarnados, permitindo um transitar mais livre ao nosso companheiro que retornara sob a vestimenta de Rodrigo.

Em função da pneumonia que o levara ao desencarne, o menino traz na matriz espiritual a predisposição a doenças respiratórias, que só não estão manifestadas porque não se entregou aos desvarios da vaidade que carrega como forte marca de sua individualidade. Como mecanismo inconsciente de defesa, desenvolveu grande aversão à pintura, deslocando para a atividade que desenvolvia as responsabilidades pelos erros que opcionalmente abraçou em existência anterior. Predispôs-se a uma fobia com relação à pintura, desenvolvera alergia a tintas, pois estivera constantemente intoxicado quando exercia a atividade artística. Por tudo isso que carrega em sua consciência profunda e transfere inconscientemente para o perispírito e posteriormente ao envoltório corporal, apresenta-se predisposto a enfermidades ainda não manifestas e a uma grande dificuldade de concentração.

A falta de concentração reflete-se diretamente no rendimento escolar, pois na encarnação anterior o espírito do menino ficara tão impressionado com os malefícios que o exercício desregrado da arte nele provocou que imprimira em sua mente as constantes imagens das pinturas a que se dedicava. Por efeito do animismo estas imagens surgem desconexamente toda vez que é exigida dele maior concentração.

Admirado com todo aquele complexo emaranhado de possibilidades que culminaram na atual situação do menino, fiz questão de saber a opinião do instrutor.

– Diante de tamanho drama humano, exemplo comum que nos acomete a todos de variadas formas, como pode o homem encarnado diante dos limitados recursos que possui, como a psiquiatria e a psicologia, por exemplo, aquilatar devidamente tais situações?

– Não o pode. A ciência humana, ainda pouco desenvolvida, não consegue, mesmo por sua incredulidade, contemplar esta visão integral do ser humano. E sem essa visão, fica de mãos atadas direcionando suas atenções aos efeitos e não às causas profundas. No dia em que humildemente a ciência e a sociedade, de uma forma geral, aceitarem o concurso da espiritualidade em larga escala, e sob sua participação efetiva e diretiva, pois somente os elevados vultos da espiritualidade conseguem registrar as complexas gêneses dos distúrbios espirituais, poderá a humanidade encontrar verdadeiro alívio. Até lá, contamos com a medicação precisa, que não nos permite vislumbrar o todo, mas nos possibilita tratá-lo mesmo assim, que é o evangelho, nos incitando ao amor e à elevação dos sentimentos.

Depois dessas palavras simples, mas de extrema profundidade filosófica, ficamos a refletir. Pobre e orgulhosa humanidade que nós todos constituímos, quão pouco conhecemos e quanto trabalho damos aos elevados amigos que nos toleram a imaturidade comportamental por já terem estado em condição semelhante a nossa. Pobre do homem que se crê sábio e independente da constante caridade divina.

•

Continuando o orientador sobre a situação atual de Rodrigo:

– Nesta existência, nasceu Rodrigo com todas estas disposições que acabamos de enumerar. Devido à extrema sensibilidade, traz consigo os caracteres biológicos da mediunidade, que poderá ser ou não exercitada. Sabemos que trabalhar a mediunidade significa buscar o equilíbrio íntimo, o exercício mediúnico nos estimula à constante busca pelo equilíbrio moral, que repercute diretamente sobre nossas companhias espirituais e distúrbios com relação à existência das enfermidades no perispírito. E é exatamente deste desenvolvimento moral incentivado pela educação mediúnica que nosso menino precisa nesta fase de sua trajetória. Com um policiamento constante da vaidade, poderá ele aos poucos combater a dificuldade de concentração, repercutindo diretamente sobre o rendimento escolar e sobre seu medo de pintar. Poderá ele, sendo dedicado e perseverante, tornar-se um instrumento de espíritos relacionados com as artes, se assim o quiser. A oportunidade lhe foi ofertada e ele a aceitou antes de reencarnar, cabe somente a ele mesmo dar seguimento aos compromissos, caso não os assuma, continuará a possuir tais dificuldades, peregrinando pelos mais diferentes médicos, que somente tratarão dos sintomas e não das causas, as quais desconhecem por completo.

Sabemos também que não devemos estimular o exercício da faculdade mediúnica naqueles que ainda não possuem a devida maturidade para compreender o tamanho da responsabilidade que abraçam e que essa prática pode lhes trazer grandes benefícios ou graves prejuízos, dependendo da forma como é conduzida. Nada, porém, impede, e é ainda aconselhável, o estímulo ao bem através da evangelização. No caso específico de Rodrigo, e lembramos que cada situação possui as suas peculiaridades, deveríamos proceder com a evangelização moral até que o menino pudesse optar, por ele mesmo, pelo caminho a seguir, sendo totalmente responsável por suas próprias escolhas.

– Toda esta situação parece torturante – deixou escapar um companheiro.

– Lembremos – atalhou Maximiliano – que fora o próprio Rodrigo quem cultivou os distúrbios de que hoje se vê portador. Se não fosse pelo constante acompanhamento espiritual e pela benevolência divina, que a tudo provê, sua situação seria muito pior. Tratava-se ele de um suicida inconsciente, que esgotara prematuramente o próprio corpo. Cada um recebe em consonância com o que cultivou. E a oportunidade que Rodrigo recebe através da encarnação atual é precisamente o estímulo de que precisa para, em posterior encarnação, desvincular-se de vez dos laços que o prendem a um passado criminoso que se arrasta a longos séculos manifestando-se pelas constantes companhias espirituais que o perseguem. Está ele em preparação para reencarnar junto aos companheiros aos quais se filiou pelo ódio. Poderá ainda, dedicando-se aos labores mediúnicos espíritas, iniciar definitivamente sua transformação moral e apaziguar, através da exemplificação, companheiros que ainda o buscam, vinculados a um passado em comum de desequilíbrios.

•

– Poderíamos enquadrar a situação desse menino como um distúrbio de déficit de atenção, termo tão em moda entre os encarnados atualmente? – o companheiro fizera a mesma pergunta que formulava mentalmente.

– Do ponto de vista material, a ciência oficial talvez assim o enquadrasse – o instrutor observava em nós o interesse por reconhecer nossas grandes limitações perante situação deveras complexa. – Sem considerar a ciência da alma, aquela que busca os elementos geradores dos distúrbios nas profundezas do ser, nossos profissionais na esfera corporal encontram-se cerceados em suas observações e, portanto, incapazes de concluir precisamente a real condição de seu paciente. Qualquer profissional de saúde arrazoado compreende a própria ignorância diante da vida. Se nós, que estamos neste instante desfrutando de uma oportunidade de estudo e conhecendo novas possibilidades de entendimento, ainda somos completamente incapazes de precisar as reais circunstâncias que nos causam os desequilíbrios mais simples, o que dizer então daqueles que, atrelados ao corpo, não consideram o espírito e não buscam cooperação entre as inteligências desencarnadas?

Refletia sobre as palavras de Maximiliano, as quais atingiam em cheio o orgulho intelectual de todos os presentes. Entre os cientistas, educadores, médicos e estudiosos das mais diferentes áreas que nos acompanhavam, nada sabíamos da ciência divina que timidamente entrevíamos naquele momento. Como poderíamos resolver os problemas, os grandes dramas humanos, se contávamos com recursos extremamente limitados?

Meus pensamentos foram captados pelo instrutor, que continuou.

– Jamais podemos nos crer capazes de curar quem quer que seja. Temos aprendido que todo desequilíbrio tem sua origem na intimidade de cada individualidade. Crermo-nos capazes de alterar as necessidades providenciais que cada qual colhe em função de suas próprias escolhas é acreditarmo-nos em posição de rivalidade com o próprio Criador. Deus não nos faz doentes ou infelizes, permite Ele que tenhamos nossos próprios méritos através do constante trabalhar para atingirmos a evolução. Fornece-nos ainda orientação adequada através dos inúmeros missionários que peregrinam pelo mundo, deixando rastros de luz nos exemplos a serem seguidos. Se hoje nos apresentamos em desarmonia íntima e esta desarmonia nos traz problemas, é porque nós mesmos a criamos, concorrendo inconscientemente para mais tarde retornarmos à estrada com nossas dívidas plenamente quitadas perante a própria consciência.

– Essa filosofia soava por demais complicada para aqueles que, como eu, sempre atribuíram características humanas a Deus – comentava um companheiro confundido pela elevada problemática levantada.

– A imagem de Deus sentado sobre um trono, na figura de um idoso, inoperante, a contemplar a sua criação realmente confunde nosso entendimento. Acabamos por fornecer a Deus em nossas maquinações mentais qualidades e defeitos humanos. Necessitamos nos desvincular desta figura estereotipada, a verdade é que não possuímos condições de conceber Deus, sabemos sim que é Ele expoente máximo de todas as virtudes que possamos imaginar, mesmo aquelas que ainda nem conhecemos. Diante desta verdade, libertamos nosso entendimento; pois, se Deus é todo amor e somente nos deseja o bem, não pode ser Ele o responsável pelos sofrimentos que afligem o mundo e particularmente a cada um de nós.

Maximiliano, com maestria, fazia-nos refletir sobre a justiça divina. Continuava ainda:

– Amados companheiros que buscam consagrar-se nos esclarecimentos para melhor servir ao próximo, deixou-nos dito o mestre: "Meu pai trabalha, e eu, assim como Ele, também trabalho". Se o senhor da vida trabalha incessantemente em sua constante criação, como imaginar a estagnação diante da verdade? Nossa felicidade não virá como expressão de um tesouro que encontraremos após longa busca, mas será construída a cada dia naquilo que semearmos para nós mesmos. A felicidade é um trabalho constante de renúncia pela causa maior. Precisamos despertar com humildade para a oportunidade que se nos descortina. Que não nos imaginemos conhecedores da verdade, mas que, libertos das malhas da presunção, saibamos trabalhar sob acompanhamento divino quando nossos recursos falharem. Não devemos temer os empecilhos, sabemos que Deus não oferta trabalho superior à condição do trabalhador.

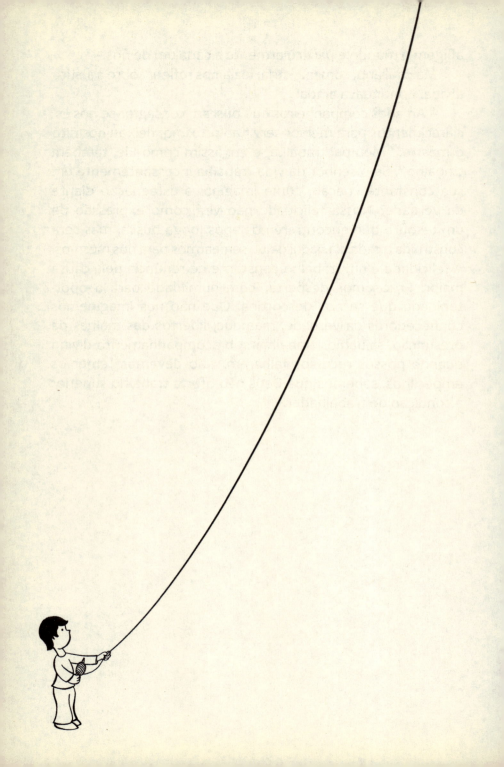

# 4 Em ambiente escolar

Dirigíamo-nos agora mais ao sul do Brasil, numa cidade da região metropolitana de Porto Alegre. Nosso voo fora rápido. Estávamos todos familiarizados com a volitação.

Adentramos novamente em uma escola. Não supunha que pudéssemos encontrar tão vasto campo de observações entre as crianças. Em nossa ignorância, acabamos por esquecer que uma criança não começa sua jornada na atual encarnação, ela carrega consigo enorme gama de complexas ligações pretéritas, que causam repercussões diretas sobre seu desenvolvimento nesta fase infantil de amadurecimento do novo corpo. Conforme for conduzida, a criança, em sua apropriação anímica dos quadros íntimos que constituem sua personalidade integral, apresentará melhores ou piores condições de estruturar o psiquismo que emerge dos escaninhos da Alma e mistura-se com a educação moral que recebe na existência que principia.

Estávamos em uma escola de alto poder aquisitivo, onde acabamos, para nossa surpresa, encontrando enorme número de desencarnados em estado de grande desequilíbrio.

Fomos logo socorridos por Maximiliano, que captou nosso espanto.

– Supunham que, por estarem vestidos de crianças, estes

espíritos que no momento observamos estariam livres de deslizes? Não sejamos ingênuos, meus caros amigos.

Após breve instante para nossa assimilação, prosseguiu o orientador:

– Entendam que estamos observando situação condizente com o estado evolutivo do mundo que habitamos. Nada de estranho, considerando que encontrarmos entre estes pequeninos aqueles que a eles se ligam de outras existências. Não suponham também que por estarmos em uma escola cuja mantenedora é uma instituição religiosa, esteja ela isenta de tal situação. Constatamos, sobre esta escola em particular, forte agrupamento das sombras, que unidas no interesse de prejudicar aqueles com os quais se relacionaram no passado, agregaram forças em organização inferior – silenciando momentaneamente, fazia-nos breve petição. – Creio que seria proveitoso que cada um de vocês, conforme o interesse particular, fizesse deste ambiente as suas próprias observações. Perdoem-me, mas necessito entregar-me à tarefa inadiável e o mais brevemente retornarei para que analisemos em conjunto as constatações. Para qualquer eventualidade podem contar com os informes dos trabalhadores que operam nesta instituição.

•

Estávamos previamente informados da possibilidade de realizar observações particulares na escola que visitávamos. Essas observações coletivas constituíam-se em valiosas oportunidades de estudos, eram possíveis a todos aqueles companheiros dispostos ao aprendizado para melhor servir.

Formávamos pequenos núcleos de estudantes, com três a seis membros, dependendo da ocasião. Importante parcela dos indivíduos que compunham nosso grupo de observação esteve de alguma forma vinculada à área da educação enquanto em peregrinação terrena. A possibilidade de conhecermos, mesmo que superficialmente como nossa condição nos permitia, as relações espirituais que se faziam constantes entre crianças e o universo espiritual despertara em nós o interesse em aprender.

Cada grupo, acompanhado de um instrutor, visitava diferentes lugares, colhendo informes e observações repletas de esclarecimentos para nosso aprimoramento. Nossas atividades respeitavam programação minuciosa, nem sempre ocorriam em dias subsequentes, pautavam-se também na disponibilidade daqueles que deveriam nos acompanhar na condição de tutores. Era imprescindível, para a participação nessas observações, que todos os envolvidos estivessem atuando em serviços regeneradores, que ocupassem seu tempo no trabalho de auxílio ao próximo.

●

Permanecemos no pátio da escola, eu e mais três companheiros, para acompanhar as atividades que se desenvolviam. Era um ambiente amplo, todo calçado, onde aproximadamente cem crianças exerciam atividades diversas, todas na faixa entre sete e oito anos de idade.

Em meio à algazarra notávamos que muitos desencarnados encontravam-se perambulando livremente. De um lado, pais desencarnados acompanhando filhos ainda na matéria e amigos encarnados envolvidos por ação obsessiva; do outro lado, espíritos desocupados procurando distração. Grande número pareceu-nos pertencer a esta última categoria, espíritos que não eram maus e tampouco bons, procurando oportunidades para realizar brincadeiras. Constituíam-se em sua maioria de desocupados, que, constatando a sensibilidade infantil para a relação com a espiritualidade, aproximavam-se das crianças na busca de diversão. Eram espíritos sem aspirações elevadas que inconscientemente sentiam a necessidade de estarem ligados a atividades produtivas, mas não haviam ainda adquirido disciplina para tanto.

Encontrávamo-nos exatamente no pátio, observando a grande movimentação de crianças durante o intervalo. Estávamos entretidos em confabulações pessoais, quando simples senhor aproximou-se de nós.

– Bom-dia. Será que posso ser útil a vocês? – questionou educadamente o simpático velhinho. – Chamo-me Adolfo e exerço atividades nesta instituição que observam. Soube que hoje receberíamos visitas, como estava com algum tempo disponível, resolvi colocar-me à disposição para os necessários informes com relação à instituição. Se aceitarem é claro – acrescentou ainda, humildemente.

– Claro, nós é que ficamos gratos pela sua companhia – respondeu Jullien, e continuou. – Para falar a verdade, estávamos bastante interessados em conhecer o funcionamento da escola.

– O que gostariam de saber? – falou Adolfo já se colocando solicitamente à disposição para responder.

– Fiquei particularmente bastante surpreso com a grande movimentação de desencarnados em condição de desequilíbrio entre os petizes. Ingenuamente imaginava haver impedimentos maiores à presença de espíritos errantes em meio às atividades escolares, principalmente por estarmos em uma escola de vínculo religioso.

As ideias que Jullien expunha eram bastante frequentes em nosso meio. As crianças, com sua face ingênua e meiga, nos fazem esquecer que apresentam também desvios pretéritos, confundindo o estudante desavisado.

O gentil Adolfo suspirou fundo e passou a nos esclarecer.

– Nossa instituição conta com quase um século de dedicação à educação. Quando erguida no plano físico, contava com o auxílio de dedicados colaboradores, dotados de aspirações nobremente insufladas pela espiritualidade. No ideal compartilhado que inspirava encarnados e desencarnados no erguimento de tal obra, existia a firme convicção de que somente a educação poderia transformar o mundo. Pelos nobres ideais abraçados, a instituição se prestava com muito mais facilidade à educação das crianças.

Com o passar dos anos, muitos outros idealistas encarnados, que volviam à espiritualidade, e outros tantos que se alistavam na arte de educar ainda no plano físico engrossaram as fileiras de trabalhadores desta instituição. Estávamos entusiasmados com as possibilidades que nosso trabalho vinha apresentando, mas com o desencarne dos principais idealizadores, nossa influência diminuíra gradativamente.

Aqueles que nos sentiam as influências intimamente por ideal comum que abraçavam, ao deixarem o mundo terreno, não souberam preparar sucessores em iguais condições. Apesar de dedicados, os companheiros que se seguiram nas funções diretivas da instituição, aos poucos, foram esquecendo os nobres ideais que levaram à fundação da escola e passaram a preocupar-se com o reconhecimento mundano, e a partir daí a elitização financeira foi simples consequência.

Fecharam-se pouco a pouco as portas àqueles carentes companheiros terrenos pelos quais havíamos erguido a instituição. As classes abastadas não queriam ver seus filhos misturados aos mais carentes, estudando na mesma escola. O dinheiro tornou-se por demais importante para a instituição, e ela afastou-se pouco a pouco de nossa influência positiva.

Não digo que não existam educadores nobres e dedicados atuando conosco no plano material. Sim, existem, e em grande quantidade, mas infelizmente por uma mudança sutil e gradual de orientação diretiva, aos poucos essa se tornou uma organização pouco afeita a nossa ajuda espiritual. Mesmo assim, aqui estamos sempre velando pelos nossos pupilos na esperança de que, com o trabalho árduo, possam retornar sua visão para os mesmos objetivos nobres que acalentaram quando do princípio de tão formosa instituição.

Adolfo estava emocionado ao findar suas elucidações,

pareceu-nos apaixonado pela instituição em que buscava colaborar. Ficou óbvia a sua acentuada participação ao longo da história de lutas da escola. Enxugando pequena lágrima que rolara pela face, continuou.

– Pelo nítido decrescimento do nobre idealismo de outrora, nossos educadores não têm conseguido preparar-se espiritualmente melhor para o desempenho de suas atividades. Vivemos um tempo de descrença religiosa, mesmo estando sob a flâmula de orientação cristã, temos encontrado muitos corações lacrados ao nosso estímulo. A falta de ideais no espírito humano tem permitido com certa facilidade o acesso de companheiros desequilibrados a nossas dependências, que chegam acompanhando tanto nossos pequeninos como igualmente os professores, funcionários e membros da diretoria. "Diga-me com quem andas que te direi quem és".

De tempos em tempos, recebemos o concurso de organização espiritual com maiores recursos, que nos auxilia em enorme triagem dos necessitados que constantemente frequentam nossas dependências acompanhando os encarnados. Infelizmente desatentos, os encarnados colaboram para que seus acompanhantes retornem, ou ainda, que outros espíritos debilitados venham a lhes acompanhar o dia a dia. É o constante drama da humanidade.

– Pensei que em uma instituição de educação tão fortemente ligada à religião esse tipo de coisas não ocorresse – falou Jullien.

– São os homens que fazem a religião. Deus não instituiu religião alguma, são os homens que se envolvem orgulhosamente sob esta ou aquela bandeira para impor seu modo reduzido de entendimento. Sabemos que a denominação religiosa em nada impede os desacertos daqueles que a professam. Basta lembrarmos que a morte de milhões nas guerras e nas fogueiras durante a Idade Média partiu de orientações religiosas. Lembremo-nos das ignomínias que ocorriam nos porões e subsolos dos conventos e constataremos que a denominação religiosa em nada salva do erro seus filiados. Enquanto o ser humano não fizer uso íntimo dos ideais nobres de amor ao próximo, presentes, é verdade, nos postulados de muitas ordens religiosas, de nada adiantará professarem esta ou aquela forma de culto a Deus. De nada serve a rivalidade religiosa, ao contrário, ela acentua ainda mais nossas paixões desequilibradas.

As companhias desencarnadas que agora observam são as provas do que vos digo. Nenhuma dessas crianças pode se dizer vítima de injustiça. Todas nasceram em um lar, a maioria em lar financeiramente abastado. Se companheiros errantes ao seu lado se encontram, é porque algo não está certo em sua educação. Na verdade, pouco adiantaria libertá-los aqui se em casa o núcleo familiar provocaria efeito contrário, aproximando novamente encarnados e desencarnados em estado de vinculação lastimável.

Temos visto com bastante frequência em nossa escola a falta de participação dos pais na educação dos filhos. São relegados aos profissionais especializados nas mais diferentes áreas sob o pretexto da necessidade de trabalhar. Porém, esses profissionais, por mais que se esforcem, não têm conseguido suprir a carência afetiva que tais crianças vêm apresentando. Por isso vemos crianças que acabam sendo compradas, como se valores financeiros pudessem suprir a falta que sentem do carinho familiar. Sentindo-se culpados, os pais têm deixado de impor limites aos filhos, dando a eles tudo o que pedem, prejudicando acentuadamente sua educação para o convívio em sociedade. É ainda quando chegam as férias escolares que ficamos mais estarrecidos, pais que saem de férias sem as crianças, por entenderem que precisam de descanso. Os pobrezinhos ficam relegados a parentes e acompanhantes, encontrando na televisão, no computador e nos videogames a companhia que esperavam vir dos pais. Basta uma rápida observação para comprovar facilmente que a educação que começa em casa não tem sido bem desenvolvida. Males das imperfeições que todos possuímos, mas que urgentemente precisamos nos empenhar em combater.

– Não havia prestado atenção para a situação grave da educação familiar em lares com maior poder aquisitivo. As informações que trazes são estarrecedoras – comentou impressionado Jullien.

– Não tomem nossas assertivas como regra. Existem aqueles que, através do esforço constante, tentam fornecer uma valiosa educação aos filhos. O problema nem seria propriamente de vontade de oferecer melhores possibilidades aos filhos, nem se discute isso, os pais aparentam ter boas intenções; acontece que estão enfrentando o problema da falta de espiritualização dos seus valores, o que provoca, muitas vezes, distúrbios na base da educação que deveria ser fornecida no lar. Para não desanimarmos ante a dificuldade, lembremo-nos de que estamos todos em constante progresso e aprendizado, que os erros de hoje tornar-se-ão, com trabalho árduo, os acertos de amanhã.

As palavras claras do simpático Adolfo nos forneciam amplo material de reflexão. Estávamos igualmente muito aquém de penetrar na estrutura íntima de tão complexo tema, essa educação abrangente.

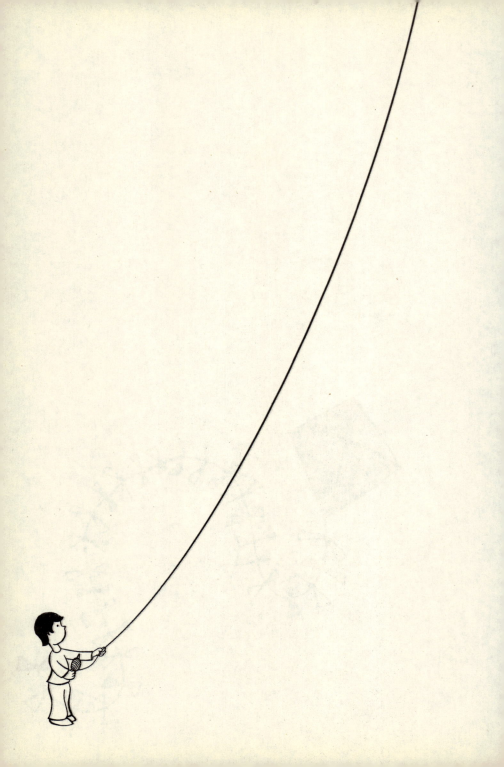

# 5 compreensão limitada

Passados mais alguns momentos de observações dos eventos que constatávamos do ponto de vista espiritual em que nos encontrávamos, percebemos diferente movimentação em torno de uma criança em particular.

Meninos que já demonstravam um egoísmo bastante sobressaído cercaram outro colega, este mais retraído, tímido, que parecia não gozar do perfeito funcionamento de suas capacidades intelectuais.

As pequenas provocações, que aos poucos eram jogadas sobre o menino com maior ênfase, minavam a paciência já diminuta naquela criança, que, nitidamente para nós, apresentava uma função cognitiva alterada.

Em meio às provocações, eis que ocorre o primeiro empurrão, seguido de vários outros trocados à revelia. Correndo e provocando, instigavam a revolta no menino mais frágil. Foi então que percebemos a forte ligação espiritual que possivelmente era a responsável pelo distúrbio cognitivo que a criança apresentava.

A ligação entre a entidade obsessora, caracterizada como uma senhora de trajes rotos, e a criança de aproximadamente dez anos era intensa. Após a avolumada descarga de ódio que o menino deixara desenvolver em si com relação aos colegas que o fustigavam, a entidade desencarnada praticamente assenhoreou-se do aparelho orgânico, caracterizando uma subjugação profunda, quase uma completa simbiose.

A partir de então, gritos estarrecedores passaram a ser ouvidos, palavras desconexas, ofensas e mais ofensas. A criança subjugada pela ação da entidade espiritual que a dominava passou a perseguir aqueles que a provocavam, de porte de uma fúria incontida nem mesmo as professoras responsáveis pela supervisão do pátio conseguiam conter o garoto. Sua força física estava acentuada pelo ódio em junção com a direção obsessiva.

Após a explosão de ira, o menino, contido pelos adultos presentes, ainda se debatia muito, seus gritos eram assustadores. Crianças em polvorosa corriam sem rumo, muitas caíam e machucavam-se, aumentando a confusão que presenciávamos.

Não menos ativa, a equipe de espíritos que assessorava a instituição educacional se fez presente, minimizando os efeitos produzidos pela grande agitação geral, dificultando a ação de outros desencarnados que tentavam aproveitar-se do alvoroço para divertirem-se.

Enxugando lágrimas, acalmando as crianças, grande contingente de professores se dividia ativamente na tentativa de restabelecer o mais breve possível a ordem e a tranquilidade. Passados os primeiros minutos, as coisas pareciam encaminhar-se à normalidade possível. Muitas crianças estavam impressionadas, principalmente os pequenos, que faziam atividades em sala próxima e que, ouvindo os gritos, curiosos, buscaram observar o que se passava.

A entidade desencarnada que supliciara o menino em completo desequilíbrio gritava:

– Você me paga! Você me paga! Muito ainda irá sofrer. Meu ódio não se arrefecerá ante sua aparente inocência neste corpo infantil! Eu sei quem você é. Só eu sei quanto mal produzistes à minha família!

Continuava clamando em altos brados até que gradualmente foi sendo anestesiada sob efeito da ação da equipe espiritual socorrista que a colocou para dormir. O menino igualmente sentia, por sua extrema ligação espiritual com a entidade, os fluídos anestésicos que eram endereçados a sua nada saudável acompanhante.

A criança caíra em acentuada apatia, somada ao desgaste nervoso e à ação benéfica de fluídos calmantes que encarnados lhe dirigiam inconscientemente e eram projetados por direção espiritual sobre seus centros nervosos.

•

Estávamos estarrecidos com todo o ocorrido. Adolfo, que houvera concorrido eficazmente no auxílio ao restabelecimento da situação, retornava a nossa presença disposto a fornecer-nos os esclarecimentos possíveis.

— Mais um dia comum na rotina de nossa escola. Não fiquem por demais impressionados. A atuação perniciosa sobre crianças nos choca de maneira acentuada por ainda não estarmos acostumados a pensar nelas como espíritos imortais.

— Concordo com sua colocação, mas mesmo assim nossa sensibilidade é ferida diante de uma situação tão triste como a que acabamos de presenciar – acrescentei profundamente impressionado.

— Concordo – interveio Japhet, que também nos acompanhava. – Estou por demais impressionado. Acostumamo-nos a socorrer espíritos em estados lastimáveis, envoltos na sombra de suas próprias consciências, nas mais diferentes localidades, mas observar tais acontecimentos entre crianças nos sensibiliza ao extremo. Somente agora consigo melhor aquilatar o peso da responsabilidade de que aqueles que atuam na educação infantil devem se fazer portadores. A sensibilidade extrema que os pequeninos apresentam os deixa muito suscetíveis à ação perniciosa.

– Nosso drama não é muito diferente das ocorrências que percebemos todos os dias nos mais diferentes locais deste planeta de provas e expiações. É compreensível o choque que os envolve neste momento. Lidando com personagens em roupagem adulta, tendemos a tratá-los de igual para igual. Já as crianças nos tocam fundo, nos fazem lembrar de nossos filhos, da ingenuidade e fragilidade que caracterizam a infância, o que nos fomenta um sentimento de compaixão. É por isso, meus amigos, que Deus em sua infinita bondade nos concede a reencarnação, pois nos deparando com espíritos que nos prejudicaram sob a forma momentânea de crianças, somos compelidos ao perdão. Somente as personalidades mais endurecidas não alteram seus objetivos menos nobres quando se deparam com acentuado drama infantil ao observarem os pequeninos seres que buscam no aconchego materno a proteção para os medos diversos. É a concessão misericordiosa da paz, do cadinho que nos infunde forças para seguir em frente, da tranquilidade momentânea à qual todos ainda nos encontramos necessitados – seguia Adolfo em seus esclarecimentos. – Mas nem todos compreendem desta forma. O drama que observamos há pouco é muito comum em nossa sociedade. Roberto, o menino que vimos, foi em sua última encarnação espírito que se endividou por demais. Cometera mais de uma dezena de assassinatos, dentre os quais os de muitas crianças. Esse espírito com caracteres femininos que o persegue foi mãe que teve o filho e o esposo assassinados. Em seu ódio, em sua sede por vingança, esqueceu-se do perdão que a uniria aos seus no limiar dos portais da morte, para então lançar-se na busca frenética pelo verdugo do passado, e o encontrou muito cedo sob a roupagem de Roberto em nova reencarnação. Roberto, por sua vez, após sofrer longos anos em regiões tenebrosas de sua própria consciência, fora encaminhado para nova encarnação. Traz ele lampejos de culpa, que propiciam a acentuada ligação mediúnica que presenciamos.

– Então é o próprio menino que atrai a sua obsessão? – Questionou outro companheiro que se assomara a nós para ouvir as explicações.

– Sempre somos nós os elaboradores de nosso próprio sofrimento. Roberto iniciou sua desdita antes da encarnação anterior, é espírito que, como todos nós, errou muito, e vem recebendo de acordo com o que produziu. Puderam constatar algumas disfunções cerebrais no menino, que são a forma que o automatismo espiritual encontra para defender-se das descargas negativas que ele mesmo produziu.

– Como assim? – Jullien surpreso interrompera Adolfo.

– Temos em nossa consciência a divindade esperando para desabrochar. O espírito que macula esta consciência cósmica que habita em nós sofre os efeitos negativos aos quais se lançou. A tendência ao retardo mental é uma forma que o automatismo espiritual encontra de amenizar os choques íntimos provocados quando o espírito inicia a reflexão sobre sua conduta. A estrutura psíquica do encarnado não consegue manter-se equilibrada perante o acentuado sentimento de culpa, que transpondo os limiares do corpo espiritual, impõe sua influência sobre o modelo orgânico.

– Então a demência é um mecanismo de defesa ainda mal compreendido? – questionou lucidamente Japhet.

– Exatamente isso. É esta mesma demência que fornece alívio aos sofrimentos conscienciais do espírito que começa a constatar seus desvios e sofre imensamente com isso. Este sentimento de culpa nos atrela àqueles aos quais estivemos nos relacionando em eras recuadas. A falta da consciência exata de nós mesmos ameniza as influências negativas que nos vinculariam a um processo obsessivo. Percebam que o automatismo que nos rege através de leis perfeitas e justas não beneficia somente o dementado, pois igualmente deparando-se com companheiro doente, muitos espíritos, tendo mais tempo para reflexão, diminuem ou ainda desistem de suas vinganças. Não existe uma regra específica para cada caso, a intensidade dos sentimentos e a condição geral de cada um dos participantes envolvido no processo ditam as consequências vindouras.

Continuou Adolfo:

– Roberto inicia a crise de consciência. Em sua estada no umbral, perante muitas de suas vítimas, começou a questionar-se sobre o que houvera sido e o que aquilo lhe havia produzido. Como todos somos motivados ao desejo de felicidade pela divindade que habita em nós e não nos permite estagnação, começou igualmente a desejar situação melhor. Foi quando se tornou possível o seu resgate das sombras para novo ingresso na materialidade. Esses que o ofendiam, e o fazem constantemente, são alguns daqueles que o supliciavam no umbral. Não fora possível ainda aproximar-lhes mais do que isso, mas no futuro, em novas encarnações, estarão ligados por laços sanguíneos. A consciência que começou a tomar da sua conduta negativa o atordoou, e tal desequilíbrio está presente em sua capacidade de cognição. A aproximação obsessiva lhe impõe um agravante, que, se não trabalhado rapidamente, culminará por provocar demência completa.

– Há meios de fazer retroceder este avanço degenerativo? – questionou Brunner, outro de nossos acompanhantes.

– Da maneira que a situação vem sendo conduzida, não. Este menino está sendo tratado por psiquiatra que classificou sua condição entre a alçada dos esquizofrênicos. Sabemos que a esquizofrenia é ainda uma grande charada para a ciência médica atual; já que, por refutarem a existência do mundo espiritual, caem no erro de desconsiderar as influências dos espíritos desencarnados sobre seus pacientes. Como vimos, Roberto tem em germe latente um distúrbio mental que consta presente em seu modelo organizador espiritual, em seu perispírito, e que, se não for tratado com eficiência, virá a repercutir ostensivamente sobre seu cérebro orgânico –

Adolfo olhou para cada um de nós e continuou. – Os médicos ainda não conseguem diagnosticar precisamente a moléstia da alma, o que faz com que a busca por orientação se dê normalmente quando a situação já se encontra intrincada e de difícil resolução. Confundidos pelas diferentes manifestações de esquizofrenia, não encontram ponto comum que lhes sirva de base eficaz para a constatação rápida do problema. Buscam o subtipo para classificação da enfermidade, que varia infinitamente conforme a imperfeição do encarnado e a forma como o obsessor atua para atingir sua meta prejudicial. O constante contato emocional entre desencarnado e encarnado, a intenção de prejudicar somada ao sentimento de culpa que se permite deixar atingir acarretam comprometimentos graduais do aparelho orgânico. E por este fato os estudiosos materialistas teimam em não crer na atuação espiritual, apoiando-se na constatação de problema orgânico que identificam e desconhecem o significado. Nós hoje sabemos que as doenças são originadas de um processo de desequilíbrio que parte do espírito, do psiquismo de profundidade, e se não for bem trabalhado, a situação acaba por emergir de nosso íntimo, manifestando-se na superfície sob a forma de diferentes distúrbios, sejam eles orgânicos ou emocionais. Nem todos os pacientes poderão ser curados, a cura é pessoal, é íntima, se faz necessário que o espírito esforce-se por buscar novamente o equilíbrio, e este caminho se conhece pelos enunciados do Evangelho de amor e perdão das ofensas. Alguns espíritos impõem-se sob esta pena como única forma que vislumbram para sentirem-se confortados diante da culpa que lhes atordoa, acabam por trazer de forma arraigada em sua matriz espiritual os problemas que necessariamente deverão passar na vida quando encarnados. Porém a todos eles é possível abrandar a expiação, fazendo da caridade, do trabalho sério e digno a porta de auxílio aos que sofrem diuturnamente pelos erros perpetrados no passado.

Entre os diferentes sintomas que o quadro de esquizofrenia pode apresentar encontram-se as manifestações espirituais, os episódios obsessivos. Alguns desses pacientes são tratados com medicação antipsicótica, que produzem enorme apatia, alteram-lhes o metabolismo, diminuem a produção ectoplásmica, dificultando o intercâmbio mediúnico; e, por não constatarem de maneira tão acentuada os sintomas da ação espiritual, podem supor a partir dessa apatia que obtiveram a cura, como se o espírito tivesse ido embora pela ação dos remédios. O obsessor continuará a postos, esperando como o caçador espera sua presa, para, no momento em que a medicação e a vigilância do encarnado cederem espaço, voltar a atacar, acarretando problemas maiores ainda por atuar sobre organização extremamente debilitada sob efeito das altas dosagens de medicamento. Hoje a esquizofrenia é considerada uma enfermidade sem cura, os médicos procuram diminuir a ocorrência, que sempre poderá retornar ao menor sinal de desequilíbrio íntimo do paciente.

Estamos diante de uma grande chaga da sociedade, provocada por sua condição moral inferior. A moralização é o eficaz remédio para a atração de melhores companhias, que auxiliem ao invés de prejudicar. O magnetismo, aplicado nos centros espíritas através do passe, é o estímulo externo que desfaz momentaneamente os elos mentais entre obsessor e obsidiado, permitindo que ambos reflitam com relação ao caminho que escolheram seguir.

O Espiritismo, de posse das explicações que nos remetem à existência espiritual, pode perfeitamente, se bem empregado, esclarecer os envolvidos nos dramas obsessivos quanto às consequências que suas atitudes terão. Não pode, é verdade, curar a quem não deseje a cura, porque a doença, como dissemos, é pessoal e intransferível, mas deve ser utilizado de forma a estimular a mudança, a transformação moral, a prática do perdão pelos envolvidos. Este é o único meio de abrir as algemas que nos prendem ao sofrimento.

– Mesmo pertencendo à outra orientação religiosa, enuncia o Espiritismo como auxiliar eficaz no tratamento das mazelas humanas? – Levantou a questão Jullien curioso.

– É importante que se saliente que não estamos de maneira alguma dizendo que somente o Espiritismo pode curar as chagas humanas. A ciência médica em seu nobre esforço deve concorrer em conjunto para o estabelecimento do equilíbrio íntimo e orgânico.

Quanto ao que me questionou, já vai de muito tempo que as questões religiosas não me perturbam a consciência. Em sua condição mesquinha, o ser humano luta, digladia-se mesmo, para impor seu limitado ponto de vista como sendo a verdade. Acontece que a Verdade permeia tudo, mesmo os que não creem nela. Se me filio a grupo religioso em particular, é porque me afeiçoei a companheiros que ainda entendem que este seja o melhor caminho, e trabalho a seu lado lhes estimulando a ascendência moral. Lúcidos e despidos dos preconceitos humanos, sabemos que não existem caminhos específicos para encontrar a iluminação de Buda, o céu dos católicos ou a angelitude dos místicos, todos os caminhos têm a chave para a felicidade se soubermos interpretá-los e segui-los. O Espiritismo, na condição de terceira revelação, vem socorrer os últimos desavisados, colocando de forma clara os enunciados simbolicamente contidos e muito distorcidos em outras correntes religiosas. Não existe o melhor e o pior; existe, sim, aquele que trabalha para a sua elevação e acaba por fazer do caminho escolhido o mais produtivo para seu crescimento. A ociosidade não consta no vocabulário divino; se ficarmos a esperar o paraíso de contemplação, seremos colhidos pelas tempestades transformadoras, haverá choro e ranger de dentes, nas palavras do Cristo. Faz-se imprescindível que marchemos sob uma única bandeira, a do Amor, pois essa não tem religião, abrange a vida como um todo. Toda melhora nos exige trabalho, trabalho árduo, incansável, se realmente queremos ser felizes, que nos movamos para tanto, o caminho é tortuoso e difícil, seu trilhar é constante e por vezes cansativo, mas a conquista gradual é a chave que liberta nosso coração das amarguras terrenas.

O enunciado de profundidade do bom Adolfo nos tocava o íntimo. Parecia espicaçar a posição orgulhosa a que por vezes nos filiávamos, principalmente quando encarnados, imaginando que aquilo que abraçamos como convicção seria o verdadeiro e único caminho possível para todos. Fazia-nos pensar sobre o livre-arbítrio, a bondade divina, que nos permite escolher o rumo a seguir, oferecendo-nos sempre uma nova chance quando erramos, jamais nos julgando ou condenando nossos erros, mas sempre estimulando e estendendo as mãos para que possamos progredir por nosso próprio esforço.

Estávamos todos com os olhos rasos de lágrimas, recebêramos valioso parecer de alguém aparentemente simples que em sua humildade se fez vestir de fluidos grosseiros como nós outros, estimulando-nos a uma das maiores transformações que precisamos realizar: aprender a respeitar as diferenças.

●

À tarde, já sem a companhia do nobre Adolfo, que seguira em seus afazeres, recebíamos agradecidos o retorno de nosso instrutor, Maximiliano.

– E então, aproveitaram o tempo em minha ausência? – Interpelava-nos Maximiliano com sorriso matreiro estampado no rosto.

Compreendemos sua pergunta. Estávamos já acostumados, particularmente eu, com a forma de proceder do instrutor e amigo. Era costume seu que na necessidade de ausentar-se convidasse outro companheiro para nos assessorar de perto. Algumas vezes, como ocorrera hoje, aproximavam-se discretos, humildes, sem se fazerem conhecer, e acabavam nos fornecendo valiosos ensinamentos. O questionamento ficara solto no ar, sem necessidade de resposta, pois entendemos o porquê de seu largo sorriso.

Se pudéssemos resumir o aprendizado que obtivemos no contato com o irmão Adolfo, penso que nos prenderíamos à grande lição de humildade que nos passou, principalmente a conscientização necessária do quanto somos ainda medíocres em nossa condição evolutiva e que é imprescindível trabalhar para vencer as insurgências de nosso ego ainda tão latente. Nossa resposta a Maximiliano fora dada com um sorriso em conjunto, que ao mesmo tempo demonstrava admiração e gratidão pela atenção que nos era constantemente dedicada.

– Sigamos, pois, aos nossos afazeres. Estamos no horário do intervalo para o almoço. Não haverá muito o que observar aqui por enquanto. Venham comigo, poderemos refletir um pouco sobre nossos estudos e retornaremos no início do turno da tarde – aconselhou-nos o orientador.

Após rápidos instantes volitando encontrávamo-nos em alto morro das redondezas. Era um local tranquilo, de difícil acesso a encarnados e cercado pela mata nativa da região. Estávamos diante de esplendorosa vista, nossos olhos contemplavam quilômetros sem fim em qualquer direção que observássemos. Acima de nós somente alguns pássaros em dança habitual enfeitando de colorido os céus.

Do alto conseguíamos aquilatar o quão presunçoso nos tornamos ao postarmo-nos em colocação de destaque em qualquer situação. Víamos os enormes prédios dos centros urbanos próximos reduzidos a pequenos pontos no horizonte, e dentro deles sabíamos estarem muitas pessoas, invisíveis àquela distância.

– Gosto de lugares como esse, toda essa imensidão. Aqui, como também perante a infinitude do oceano, conseguimos conceber a grandiosidade daquele que planejou tudo isso. Conseguimos compreender de leve o quanto somos pequeninos, quanto nossas existências são insignificantes para o andamento do todo. E mesmo constatando nossa insignificância, percebemos ao longo de toda a trajetória o amparo fraterno Daquele que é todo Amor e coloca-se sempre discretamente, mas invariavelmente ao nosso lado. Pensar sobre isso nos ensina o quanto estamos ainda distantes de compreender algo sobre esse Amor tão imenso, infinito; a nossa necessidade de aprender a amar o menor dos seres aos maiores sem distinção, assim como nos incentiva o Mestre nazareno – Maximiliano falava tudo aquilo em tom convidativo para que nos uníssemos a ele em comunhão mental com o Criador.

Assim, reflexivos, permanecemos em silêncio por mais alguns minutos, a beleza da imensa paisagem que encontrávamos não nos encorajava a quebrar o silêncio.

Em poucos instantes uma pequena caravana espiritual cruzava os céus bem a nossa frente. Estávamos aproximadamente a oitocentos metros de altitude acima do nível do mar. A equipe que se deslocava em volitação rápida rumo ao espaço nos visualizou, e em poucos segundos aproximou-se de nós para confabulação fraterna.

●

Era o irmão Crisântemo, que liderava um pequeno grupo vinculado à atividade em um centro espírita, composto de mais três companheiros, que atendia sofredores nas regiões inferiores. Conhecido nosso de longa data, costumávamos nos cruzar em constantes atividades junto a companheiros encarnados e desencarnados nas proximidades da região em que nos encontrávamos agora.

Fraternamente nos cumprimentamos. Realizadas as rápidas saudações e necessárias apresentações entre aqueles que não se conheciam, ainda seguimos em instrutiva conversação.

– O que fazes por estas bandas, irmão Crisântemo? Algum trabalho especial? – perguntou sempre curioso Jullien.

– Como sabes, Jullien, devemos considerar todos os trabalhos como sendo os mais importantes. Ninguém deve desmerecer a atividade em que se encontra colocado. O momento atual é o melhor para o empenho sincero em progredir e o trabalho, por mais simples que pareça, sempre é digno. Um espírito ocupado em atividade construtiva é um espírito que lacra seus pensamentos às tendências menos nobres. Trabalhar sempre, meu amigo, trabalhar sempre.

Crisântemo era conhecido por sua dedicação. A maioria de nós havia, em algum momento, aprendido grandes lições em trabalho útil ao lado deste empenhado companheiro. Tornara-se experiente tarefeiro nas atividades que incluíam incursões nas regiões inferiores. Austero e dedicado, nunca o avistávamos em qualquer função outra que não fosse auxiliar ao próximo. Esquecia de si mesmo em benefício dos outros. Quando comentávamos algo a este respeito, dizia-nos sempre que devia muito à sua própria consciência e que esta era a forma que havia encontrado para reparar os erros que um dia cometera. Creio que para todos nós Crisântemo era tido como sinônimo de empenho e trabalho, um exemplo a ser seguido.

– Estávamos em atividade junto de encarnados em processo obsessivo – respondeu João Felipe, outro amigo que compunha a equipe de Crisântemo.

– Sempre o mesmo problema. É incrível que com inúmeras possibilidades de aprendizado haja ainda tantas portas abertas a esta imensa permuta negativa entre encarnados e desencarnados – comentou Brunner.

– Infelizmente, meu amigo, estamos constantemente instáveis emocionalmente e disponíveis facilmente ao envolvimento em processo pernicioso de troca fluídica. Lembremos que somos nós os responsáveis pela aproximação dos espíritos que cercam a atmosfera mental que criamos – relembrou Japhet, ingressando também no diálogo.

– Por misericórdia divina existe a revelação espírita, que

se faz salutar opção no combate a esta situação aflitiva. Seus esclarecimentos nos falam das consequências diretas e abrangentes que surgem a partir de pensamentos e atitudes. Tem se mostrado eficiente ferramenta de auxílio – acrescentei entrando na conversação.

– É uma pena que sejam poucos os irmãos despertos para essas possibilidades – emendou Maximiliano.

– Sim, porque os espíritas têm sabido aproveitar muito pouco as possibilidades que a Doutrina Espírita lhes oferece – completou Crisântemo.

– Estamos ainda inseridos em uma sociedade comodista. Imaginamos que basta sentar em um banco de centro espírita que receberemos a solução de todos os nossos problemas. Mesmo que a orientação religiosa aparentemente esteja redirecionando-se para a espiritualização e sua consequente crença no mundo dos espíritos, ainda estamos com a mentalidade muito apoiada em imagens e cultos de conveniência do passado. Concepções equivocadas em que barganhávamos favores apoiados na opção do menor esforço, dirigindo-nos à divindade em suas mais variadas formas entre as mais diversas crenças – seguiu Maximiliano. – Estamos ainda excessivamente acomodados, a Doutrina Espírita nos oferece esclarecimentos diretos e lógicos no sentido de que venhamos a trabalhar com empenho em busca de uma condição melhor. Mas este lugar privilegiado não é fornecido sem esforço, precisa ser conquistado com empenho. Por sua posição não comodista, o Espiritismo afugenta muitos adeptos ainda preguiçosos, que preferem filiar-se a movimentos que lhes oferecem oportunidades de redenção ilusória, sem esforço apropriado nesta direção. Somos ainda assim, muito mesquinhos.

– O Espiritismo nos pede trabalho, estudo e dedicação constantes. Aponta-nos o caminho e oferece as provisões imprescindíveis para seguir por ele, sempre nos motivando ao trabalho. A começar pela necessidade inevitável da reforma íntima, que se faz pela busca da melhoria de nós mesmos apoiados nos exemplos edificantes do Cristo – Crisântemo continuava o assunto em perfeita sintonia com Maximiliano. – É muito grande a quantidade de espíritas que têm desencarnado mal, não estão se preparando bem para a mudança de plano. Assim como existem aqueles que se dizem espíritas por somente frequentar socialmente um centro espírita, há também aqueles que estudam muito e aplicam tudo o que aprenderam somente com os outros, se esquecendo da própria transformação; são os espíritas teóricos, sabem muito e não exemplificam quase nada.

– O Espiritismo oferece muitos valiosos exemplos a serem seguidos, não podem os seus adeptos queixar-se de falta de assistência, nem de personalidades dignas em quem se espelhar. Acontece que mesmo assim, enorme tem sido a quantidade de espíritas frustrados que atravessam o limiar da morte. Sabem que poderiam ter feito mais, que poderiam ter se dedicado mais, mas não o fizeram. "Muito será cobrado daquele a quem muito foi dado", a própria consciência os acusa, pois conheciam o caminho, mas não se empenharam devidamente em segui-lo, arrependem-se amargamente ao perceberem que dispunham de todas as chances a seu favor – Maximiliano seguia ainda. – Essa mensagem merece ser fortemente difundida entre os espiritistas, é preciso trabalhar, dedicar-se com empenho. O que representam algumas poucas décadas de atividade construtiva para adquirir a condição de desfrutar uma situação harmônica de paz consigo mesmo? É comum argumentarmos, quando encarnados, com relação aos compromissos sociais inadiáveis, a necessidade de colocar o pão de cada dia sobre a mesa, os deveres familiares. Claro que tudo isto é válido, mas de forma alguma impede de nos dedicarmos um pouco mais, sempre podemos mais, depende única e exclusivamente de nossa vontade. Deus sonda nosso íntimo, dele não conseguimos esconder nada, se tentamos argumentar quanto aos compromissos sociais em detrimento do convite que nos faz, estamos iludindo a nós mesmos. É como o pai que oferece o trabalho digno ao filho para que ele possa se sustentar sozinho, mas o filho, seduzido pelo imediatismo, prefere o dinheiro paterno, que acabará em algum momento. É a escolha do transitório em detrimento do duradouro.

– São poucos os adeptos do Espiritismo que aproveitam integralmente a oportunidade que recebem; que despertam sua consciência para o convite divino por almejarem não mais o imediatismo e sim um estado de felicidade permanente, dispondo-se a perseverar nesse caminho – Crisântemo seguia a reflexão. – Tenho me deparado com médiuns que se preocupam uma vez por semana com a prática da caridade no centro espírita, acreditando estarem fazendo grande favor aos necessitados, e depois se queixam acintosamente com os amigos espirituais pelos constantes ataques espirituais que sofrem. É uma completa falta de compreensão da condição de médiuns que assumiram e dos compromissos que devem abraçar. O centro espírita é escola, onde os frequentadores devem buscar Jesus em sua plenitude sentindo-se estimulados a modificarem-se a si mesmos. Se constatam a efetiva participação espiritual pelos fenômenos mediúnicos, é para que reforcem sua fé, é como se os espíritos dissessem: "Ei, vocês encarnados, saibam que não estão sozinhos". Nas palavras do espírito do bispo de Argel, Adolfo: *"Pobre raça humana, cujo egoísmo corrompeu todos os caminhos, retoma coragem, entretanto; em sua misericórdia infinita, Deus te envia um poderoso remédio para teus males, um socorro inesperado na tua aflição. Abre os olhos à luz: eis as almas daqueles que não estão mais na Terra que vêm te chamar aos teus verdadeiros deveres; elas te dirão, com a autoridade da experiência, quanto às vaidades e as grandezas de vossa passageira existência são pouca coisa perto da eternidade[4]".*

---

[4] O Evangelho Segundo o Espiritismo, capítulo VII, mensagem do espírito Adolfo, bispo de Argel.

– Estamos sempre adiando nossa melhora. Ela depende exclusivamente do esforço que cada um faz nesse sentido, a possibilidade é igual e está disponível para todos. Jesus, entretido em atividade entre as pessoas humildes, foi chamado porque os familiares requisitavam sua presença, não entendiam a extensão de sua tarefa. E o Mestre respondeu: "Quem é minha mãe e quem são meus irmãos?" E continuou sua atividade entre a gente simples que carecia de esclarecimentos e consolo.

O exemplo de Jesus é muito oportuno para nossa reflexão. Não estava Jesus de forma alguma desprezando seus familiares, mas demonstrando que em primeiro lugar auxiliam-se aqueles que querem ser ajudados e trabalham neste sentido. "Eu vim pelos doentes do mundo", dizia constantemente. "Não atireis pérolas aos porcos", trabalhando por aqueles que se encontram dispostos à renovação íntima. Em segundo lugar, nos voltamos à reflexão que coloca o Mestre acima da humanidade por sua capacidade de amar incondicional. Amava a todos porque sabia que os laços sanguíneos são relativos somente à vida terrestre, desprendera-se deste convencionalismo social restringente, somos todos irmãos pela eternidade. Portanto, mesmo diante da falta da devida compreensão de seus familiares, seguia em serviço missionário, auxiliando sempre. Sabemos o quanto é difícil essa mudança, também somos dependentes da lei da reencarnação, mas é necessário que essa dificuldade não seja intransponível, seja enfrentada com empenho. Na medida em que somos nós que erguemos as dificuldades, igualmente seremos nós que precisaremos ultrapassá-las, façamos o esforço neste sentido o quanto antes para que não venhamos a nos arrepender depois pelo tempo desperdiçado – as palavras de Maximiliano encerravam nossas reflexões.

O tema em voga era por demais extenso e nossos compromissos nos chamavam ao serviço. Ficávamos todos, porém, com mais um extenso material para aprofundar importantes reflexões.

Precisávamos retornar às nossas atividades de observação na escola. Realizadas as despedidas, cada grupo seguiu para suas atividades específicas, buscando aprender sempre na arte de melhor servir.

•

De volta à escola, encontramos as dependências ainda pouco movimentadas, as crianças parcimoniosamente ingressavam na instituição para as aulas do turno da tarde. Havia, portanto, pouca quantidade de crianças sob nossa observação, no entanto o número de desencarnados era bastante superior ao de encarnados. Mesmo tendo ido embora muitos dos acompanhantes espirituais do turno da manhã, juntamente com as crianças que acompanhavam, a quantidade de espíritos libertos do corpo físico era bastante considerável e continuava aumentando.

Algumas crianças, trazidas sozinhas pelos pais, desciam dos veículos com um séquito de acompanhantes desencarnados. Observamos uma mãe que parou em frente ao portão principal da escola. Sem descer do carro, esperou que o filho descesse para ingressar na instituição. Três desencarnados de estranha aparência acompanharam o garoto enquanto outros dois permaneceram no interior do carro juntamente com a mãe.

Felizmente a imensa maioria dos encarnados era poupada de tais observações. Essas constatações, se realizadas no dia a dia, muito impressionariam nossos amigos em momentânea viagem corporal pela crosta terrena. Porém, é importante que tenhamos consciência de que esses fatos ocorrem. Pensando nesta possibilidade, nos dispomos a policiar de forma mais qualificada nossos pensamentos, selecionando assim as companhias que queremos ao nosso lado.

Seguimos nossa movimentação na direção do prédio central da escola, local onde ocorria a maioria das aulas. A construção era imponente, prédio grande, de três andares com janelas igualmente grandes e brancas. Lembrava muito uma instituição religiosa clássica, com certo ar de frieza que particularmente não me agradava muito.

Continuamos seguindo nosso orientador até pararmos em frente à porta da sala 32, ou seja, terceira série do turno da tarde. De posse desta informação, pudemos deduzir que observaríamos garotos na faixa etária de nove anos em média. Estávamos enganados. Qual não foi nossa surpresa ao adentrarmos a sala de aula.

– Nossa! O que é isso?! – Deixamos escapar quase em uníssono.

Deparávamo-nos com cena dantesca. Criaturas estranhas, desencarnados de comportamentos extravagantes preparavam o ambiente da sala de aula para suas intenções nada salutares.

Maximiliano pediu-nos calma e um pouco de silêncio. Um dos infelizes espíritos, responsável pela orientação do grupo arruaceiro, tinha bastante sensibilidade e conseguia intuitivamente perceber nossa presença. Permanecemos em total silêncio para não perdermos detalhe algum do novo universo que descortinávamos.

Como as aulas não haviam começado, nenhuma criança encarnada encontrava-se na sala de aula, nela somente nós e os obsessores da turma, que não nos perceberam.

Constatamos curiosos uma ampla gama de atividades visando à perturbação do ambiente. Fios foram esticados entre as classes[5] para que as crianças mais sensíveis aos efeitos físicos, aquelas que possuíssem ectoplasma em abundância, tropeçassem e caíssem. Impregnou-se o ambiente com fluidos enjoativos, sensação que seria captada por muitas das crianças devido a sua sensibilidade latente. Toda a sala de aula estava preparada para oferecer amplas condições de participação

---

[5] Ainda escapa das possibilidades de entendimento dos encarnados e da imensa maioria dos desencarnados o processo de manipulação da matéria mental aliado à ectoplasmia.

efetiva por parte dos desencarnados que ali estavam.

Soubemos depois, por esclarecimento de Maximiliano, que aquela turma já havia provocado, no ano corrente, o pedido de demissão da professora, que, pouco preparada espiritualmente, não encontrara possibilidade de maior proteção por parte dos amigos espirituais e acabara permitindo-se total envolvimento pela situação ambiente. Chegou a tornar-se agressiva com os alunos sob a influência de um dos desencarnados que se divertia com seu desespero e impaciência.

Estávamos diante de uma turma amplamente perturbada espiritualmente, todos os alunos vinham, de uma maneira geral, sendo influenciados pelas atividades que observávamos no momento. Aquela era a turma mais problemática da escola, da qual todo professor deseja fugir por não saber como lidar.

Após alguns instantes de observação, Maximiliano quebrou o silêncio e dirigiu-nos apelo:

– Vamos orar em benefício de nossos irmãos necessitados que ainda não despertaram para os ensinos do Mestre nazareno.

Na proporção em que a prece era realizada, energias mais sutis invadiam o ambiente. Facilmente as criações mentais dos obsessores foram se desintegrando, como a espuma de sabão que se desfaz ao contato com a água. Os desencarnados, irritados com a frustração de seus planos de divertimento, saíram das dependências onde nos encontrávamos ameaçando retornar a qualquer instante.

Certamente que se não houvéssemos feito nada para limitar a ação desses espíritos, teríamos observado um ambiente de aprendizado impróprio, com crianças irritadiças e indispostas e professora pouco motivada para ensinar. Tudo seria motivo para confusão e insatisfação naquele ambiente.

Retornando ao corredor, indagamos nosso orientador:

– Maximiliano, não existem anteparos para ação maliciosa desses companheiros engajados em prejudicar as aulas dessas crianças? – indagou Brunner.

– Sabemos que sim. Acontece que nenhum dos envolvidos na situação tem sabido erguer as devidas barreiras ante a ação obsessiva coletiva desta turma. Todo o processo teve início há alguns meses, no início do ano letivo. Algumas crianças traziam consigo a presença obsessiva de acompanhantes desencarnados, e ligavam-se entre si por relações pretéritas. Um pequeno núcleo acabou formando-se com a junção de duas turmas de segunda série. Assim como as crianças foram reunidas em uma única turma, os espíritos que as acompanhavam, por consequência, também acabaram se reunindo. A partir daí foi fácil o entendimento para trabalharem em conjunto. O que observamos é algo bastante comum no cotidiano escolar. Existem ainda espíritos que nada têm contra alguma criança em particular, mas que veem aqui a possibilidade de divertirem-se ou ainda de conquistar comparsas, pela troca de favores, para depois prejudicarem seus alvos específicos com a ajuda dos novos colaboradores que angariaram.

– Existe aqui alguma equipe preparada para lidar com esta situação? – perguntei curioso.

– E como não? Deus jamais deixa quem quer que seja sem amparo. Mesmo os espíritos que vemos aqui na condição de arruaceiros receberão igualmente, no momento que se mostrarem dispostos, a oportunidade do auxílio, o que não os exime da colheita de suas faltas. O caso é bastante típico, todos nós que, quando encarnados, trabalhamos em atividades educacionais sabemos que sempre houve turmas em que melhor nos adaptávamos e aquelas outras em que não víamos a hora de terminar a aula. Faltou-nos em todos os casos o devido preparo. Imaginemos o que seria de nós se Jesus, que foi o maior dos professores, tivesse desistido de nos dar aula porque não estávamos nos comportando bem. A situação não se assemelha a esses casos?

Continuava Maximiliano:

– Mesmo esses meninos que trazem uma porção de desencarnados a lhes obsediar têm ao seu lado espíritos amigos, que lhes desejam fazer o bem, ajudar. O papel do professor consciente é sintonizar com eles e buscar, então, compreender as dificuldades dos alunos com carinho. Jamais, enquanto encarnados, conseguiremos visualizar a situação como um todo; mas diante das dificuldades, voltemo-nos a esses amigos que nos assessoram a todos os instantes buscando força para enfrentar aquilo que não conseguimos ainda compreender.

Fez mais um breve intervalo como se quisesse lembrar-se de algo e seguiu.

– Citarei um trecho da "Carta de Stanz", escrita por Pestalozzi, educador e inspirador de Allan Kardec na área da educação: *"Estava persuadido de que minha afeição mudaria o espírito de meus alunos tão profundamente como o sol da primavera vivifica a terra amortecida pelo inverno. Não me enganava: antes mesmo que o sol da primavera chegasse a derreter a neve de nossas montanhas, já minhas crianças se mostravam inteiramente diferentes. (...) Determinei que não haveria um minuto do dia em que as crianças não estivessem conscientes da minha presença, que meu coração lhes pertencia, que sua felicidade era a minha felicidade e que seus prazeres eram o meu prazer. O homem prontamente aceita o que é bom e prontamente a criança lhe dá atenção.(...) Antes de tudo eu precisava conquistar o amor e a confiança das crianças. Tinha certeza de que se conseguisse o resto viria por acréscimo natural.(...) Cumpria-se o dever elevado do Cristo quando disse: 'limpar primeiro o que está dentro, para que o exterior possa ser limpo também'. O princípio pelo qual procurei regular toda minha conduta foi o seguinte: primeiro em tudo procurei desenvolver o sentimento de afeição e simpatia das crianças. Para isso procurei satisfazer-lhes todas as necessidades de cada dia, usar de amor e bondade nos incessantes contatos com suas impressões e atividades, de sorte que tais sentimentos ficaram impressos nos seus corações.(...)"*.

Quando Pestalozzi fala em limpar primeiro o que está

dentro, assim procedendo, tornamo-nos aptos a receber por vias intuitivas o auxílio espiritual por parte dos desencarnados. O mestre de Kardec admitia essa capacidade intuitiva de aprendizado; tais circunstâncias, no entanto, não impediram por completo as ações perniciosas de entidades desencarnadas sobre as crianças, mesmo o professor Pestalozzi se tornaria forte alvo por estar restringindo a possibilidade de êxito das obsessões. Todo ato de amor requer algo de renúncia por parte daquele que o fomenta para que atinja grau de sublimidade. Não foi esse o exemplo deixado pelo Cristo? Qual seria o espírito que conseguiria prejudicar incansavelmente alguém que somente lhe endereçasse pensamentos de amor e concórdia? Temos presenciado diuturnamente que o perdão àqueles que nos perseguem desejando o mal os transforma completamente, sentem-se envergonhados ao darem-se conta do que faziam. Essa transformação que necessitamos fazer vale para todas as áreas de atividade humana, e mais imprescindível se faz adotá-las nas atividades educacionais, como no caso que analisamos há pouco.

Maximiliano tinha o dom de nos fazer calar. Suas apuradas reflexões não nos deixavam a menor margem para questionamentos.

Seguimos com nossas observações.

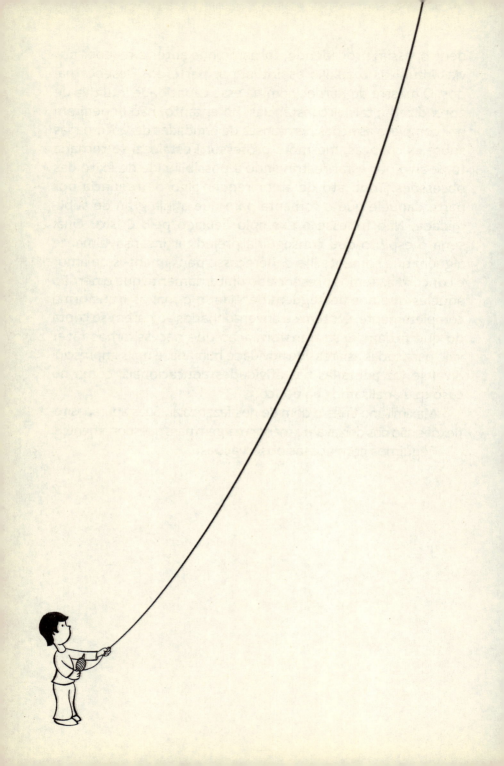

# 6 Influências Vibratórias

Continuávamos nossa excursão na mesma escola. Ingressamos, conforme programação previamente estabelecida, na sala de aula de uma turma de quinta série. As crianças apresentavam em média onze anos de idade.

Estávamos ali com o intuito de observar a relação sutil entre as pessoas, estivessem elas encarnadas ou não, averiguaríamos as dificuldades estabelecidas a partir da sintonia deseducada com criações mentais nocivas.

Visualizávamos diante de nós uma turma bastante comum, não percebíamos grande número de desencarnados. Ressaltemos que a maioria dos desencarnados mal-intencionados não gosta deste tipo de local, a organização e a oportunidade do aprendizado moral os desagradam.

Maximiliano despertou nossa atenção para um menino que, distraído, observava o pátio da escola pela janela.

– Esse é o nosso menino. É ele que devemos observar com maior cuidado.

Aguardávamos em total silêncio. Fazia quinze minutos que o sinal para o início das aulas havia soado. Todos os alunos estavam em suas respectivas salas de aula.

Passaram-se mais alguns minutos, a professora interagia com os alunos após ter fornecido algumas explicações sobre o

109

corpo humano, disciplina de ciências. Muitos participavam espontaneamente da aula, outros, mais tímidos, eram convidados.

Vinícius, o menino que observávamos com maior atenção, mostrava-se disperso. Não incomodava o andamento da aula, mas parecia totalmente alheio ao ambiente de aprendizado.

Maximiliano pedira-nos maior atenção ao comportamento que o menino viria a apresentar no momento de sua participação na aula. Seguindo a ordem estabelecida, era a vez de Vinícius participar da atividade.

– Vinícius... Vinícius! – repetira a professora. – Vinícius, você está me ouvindo, menino?!

– Sim – respondeu a contragosto. Parecia estar retornando de um pesado sono.

– Parece em órbita. Agora se concentre na aula – pediu a professora.

A professora questionou o menino sobre determinada questão do dever de casa que havia pedido. Ele não sabia a resposta, pois não havia se preocupado com a atividade proposta.

Ficamos sabendo posteriormente que Vinícius raramente realizava as atividades requisitadas. Era muito pouco participativo em sala de aula, fazia somente o que lhe interessava. Pouco se importava com as orientações da professora. Frequentemente criava confusões com os colegas.

Procuramos influências externas sobre o menino, mas não encontramos nada, nenhum desencarnado ou sequer impressão externa agindo sobre ele. Todas as dificuldades pareciam vir dele mesmo.

Como de hábito, o menino fora repreendido por sua seguida falta de interesse nos estudos, e a professora passou a interagir com o próximo aluno. As admoestações que recebera Vinícius provocaram sobre ele inflamante reação, transformando o halo energético.

Os pensamentos do garoto estavam fixos no desejo de vingança. Grande sentimento de ódio turvava sua capacidade de raciocínio. A atitude normal de repreensão da professora desencadeara nele reação complexa, seus pensamentos carregados de ódio contaminavam a sala e principalmente a pessoa que o repreendera. Como uma avalanche, os pensamentos vingativos avolumavam-se e, em breves instantes, toda uma atmosfera densa, como uma cortina de fumaça, havia se formado ao redor do menino.

O efeito de tais pensamentos fora imediato; o menino, antes alheio a tudo, passara a comportar-se de maneira inquieta. Perturbado, jogava bolinhas de papel no colega ao lado, chutava a cadeira do vizinho sentado a sua frente. A vibração de ódio pedia passagem, contaminando todos que sintonizassem na mesma frequência.

As demais crianças, sensíveis, deixaram-se contagiar pela atmosfera que se criara. Ao incomodar um colega que aceitou a provocação, aumentou a sintonia, e o pensamento de rivalidade era incrementado por mais um participante. Muitos alunos acabaram se envolvendo, fomentando a corrente de vibrações negativas que tivera início com os pensamentos desequilibrados de Vinícius.

A professora, não conseguindo manter a necessária tranquilidade, se permitiu influenciar pelas energias que a envolviam exteriormente, passando a compartilhar deles. Em pouco tempo toda a atmosfera da sala de aula estava tomada de vibrações inferiores. Professora que gritava pedindo silêncio, alunos agitados que se provocavam e faziam algazarra.

Antes que o problema se acentuasse sem previsão de breve normalização fomos chamados a intervir. Ninguém nos solicitara tal intervenção, mas o senso fraterno nos impelia a essa atitude. Em prece, aos poucos conseguimos eliminar a maioria das cargas deletérias que desfilavam pelo ambiente. A fonte, como dínamo criador, mantinha o foco fixo sobre a professora.

Por estar fragilizada e sem a devida proteção da conduta elevada, apoiada principalmente na prática da prece, a professora sentira um leve mal-estar. A fim de minimizar os efeitos do problema criado pelo sentimento de ódio, dois de nossos companheiros foram encaminhados à aplicação de passe tranquilizador diretamente sobre o menino. Em poucos minutos voltava ele ao alheamento anterior ao início do problema.

●

Estabilizada a situação, deixamos a sala de aula para comentar o ocorrido.

Foi Japhet que iniciou a conversação:

– O que vimos?

Antes que qualquer esclarecimento pudesse ser fornecido, aproximou-se de nós um espírito de aparência feminina, uma senhora, que se colocou ao nosso lado em silêncio.

– Esta é Ilga – indicou Maximiliano. – Poderá ela nos fornecer maiores esclarecimentos sobre a condição de Vinícius.

Feitos os cumprimentos que a educação solicitava, nos colocamos atentos para escutar os pareceres daquela senhora de aspecto bastante humilde.

– Compreendo a intenção que os traz aqui. Sei que buscam esclarecimentos no aprendizado saudável de servir aos outros. Fico imensamente grata a Deus pela oportunidade de poder contribuir com a vossa instrução. Tenho acompanhado a trajetória deste espírito que hoje se encontra sob a vestimenta de menino frágil e atende pelo nome de Vinícius. Outrora fui sua mãe.

Calamo-nos permitindo que ela continuasse com o assunto sem perturbar-lhe o raciocínio com questões inoportunas.

Após nos observar, continuou Ilga:

– Este menino que tiveram a oportunidade de observar guarda grande quantidade de ódio em seu coração. Infelizmente, mesmo sofrendo com as consequências de suas atitudes imprevidentes, ainda não consegue vislumbrar a parcela de verdade que existe disponível à constatação de todos nós. Continua a delegar todas as causas de suas dores aos outros, isentando-se da parcela que lhe caberia como resposta a suas próprias atitudes.

Guarda em seu íntimo grande dose de autoritarismo, necessitando urgentemente de orientação, de limites e disciplina. Não tem encontrado esse suporte em seu lar, e a função dos professores tem ficado bastante comprometida, poucos conseguem amar aqueles que deixam transparecer ódio no olhar.

Frequentemente é acompanhado por companheiros que com ele faliram em encarnação anterior. Vinculados estão uns aos outros pelos interesses comuns. Nosso menino relaciona-se com crianças de idade mais avançada, o que neste caso tem contribuído negativamente para seu desenvolvimento moral. Aprendera a defender-se das agressões pelo uso da força, impõe-se perante os outros através da agressividade. Para sentir-se ambientado ao grupo de amigos mais velhos, esses já entrando na adolescência, têm buscado interesses que não correspondem com os anseios naturais de sua idade. Os meninos com os quais se relaciona, igualmente deseducados moralmente, iniciam as descobertas do sexo. A falta de orientação familiar coloca Vinícius como presa fácil da influência que sofre por parte dos companheiros espirituais que o seguem. Seus amigos encarnados igualmente estabelecendo sintonia com esses espíritos desequilibrados acabam fomentando estreita malha de ascendência perniciosa sobre o menino. A internet tem sido porta aberta para o acesso facilitado a conteúdos pornográficos. Essa ferramenta, assim como amplia a capacidade de informação, pelo desvio moral da humanidade, tem podido alimentar muitos anseios de baixa qualificação moral, o que o diga a pedofilia tão frequente na rede mundial de computadores. Existe uma relação muito íntima entre Vinícius e os desencarnados que o assessoram. Temos podido, felizmente, evitar a frequência deles no ambiente escolar em função do prejuízo que poderiam trazer a organização sensível das demais crianças. Porém, seu lar tem as portas abertas para estes companheiros desorientados.

Ilga, na medida em que relatava as circunstâncias que envolviam a condição do garoto, ficava cada vez mais emocionada. Compreendemos que não seria oportuno questionar sobre como fora sua relação com o menino. Nosso orientador, com o olhar, nos incentivara a permanecer em silêncio.

Ilga continuou mais um pouco:

– Como veem, não existe engano na obra de Deus. Sei que devem estar curiosos para saber o porquê de eu querer auxiliá-lo de forma tão insistente. Pois bem, meus irmãos, por mais que me doa, devo admitir que muito da situação em que se encontra esta criança nos dias de hoje foi responsabilidade minha. Falhei na condição de genitora em sua existência pregressa. Vivera eu na Alemanha e perdera meu esposo nos conflitos contra os franceses durante a Primeira Grande Guerra. Na época estava grávida deste que na atual encarnação se chama Vinícius e, com muito desespero, digeri a notícia da morte de meu esposo no campo de batalha. Minha revolta agigantara-se, orgulhosa que era. A situação de derrota alemã me enojava. O menino veio a nascer no pós-guerra e dei-lhe a educação militar que o pai tivera, contava-lhe os feitos de guerra de seus compatriotas, infundia-lhe insano orgulho pela raça germânica. Já era homem feito quando a guerra eclodiu. Sob o comando do Füher, a Alemanha marchava sobre a Europa em calamidade; meu filho, oficial do exército nazista, servia convictamente aos ideais racistas que hoje me envergonho de um dia ter abraçado.

Viera eu a desencarnar sob o efeito dos pesados bombardeios lançados na Alemanha despedaçada, isso já no final da Segunda Grande Guerra. Há algum tempo não recebia notícias de meu filho, Karl; era como se chamava na época. Soube, já desencarnada, que igualmente ele perecera, antes mesmo do que eu, em território polonês sob ofensiva russa.

Fui, após algum tempo que não sabia precisar, resgatada em completo transtorno mental. Minha mãe, espírito bondoso, intercedera em meu favor. Imaginava que minha aflição maior haveria se encerrado com o socorro recebido, mas enganara-me redondamente, o pior ainda estaria por vir. Constantemente era requisitada mentalmente pelo filho dementado que vagava pelo umbral. Sua triste situação muito me sensibilizava.

Durante longo tempo, tentei em vão resgatar Karl, mas encontrava-se ele impossibilitado de receber auxílio pelo teor de seus pensamentos. Nas poucas vezes em que consegui me fazer visível por ele, fui duramente rechaçada, pois acreditou que eu fosse um inimigo ou algo parecido, já que sua mãe jamais falaria em compaixão e perdão ao inimigo. "Minha mãe sempre me alimentou o desejo de vingança, para que pudesse honrar a morte do heroico pai que não pude conhecer, vítima dos inimigos", dizia ele relembrando-me os erros que cometera em sua educação. Conscientizara-me do mal que fizera promovendo concepções errôneas na educação de meu filho, sentia-me culpada. Seu sofrimento me trazia vergonha. O meu maior constrangimento era constatar que muitos dos que me ajudavam na tentativa de socorrer meu filho eram os mesmos que eu doutrinara Karl a odiar como inimigos.

Não havia possibilidade de resgatá-lo em curto prazo, a demência lhe seria oportuno remédio, no entanto, por não admitir qualquer erro, já que fizera tudo de acordo com o que sempre aprendera e acreditava ser o certo, o remorso ainda não era conjugado em seu vocabulário.

Como única alternativa, fora encaminhado à nova encarnação. Desfrutou por misericórdia divina de uma curta existência resgatando pequena parcela dos débitos que assumira com as atrocidades que cometera. Como ainda não compreendia a extensão de seus comprometimentos, necessitava do perfeito funcionamento de suas capacidades mentais, não podendo ser poupado do assédio daqueles que vitimara e desejavam vingança. Permanecia sendo acompanhado por outros espíritos em condições semelhantes às dele, na maioria militares que foram por ele comandados. A relação é por demais complexa para que consiga entender toda a extensão de laços que nos vinculam uns ao outros. Hoje, encontra-se encarnado, pela segunda vez após o conflito na Europa, na roupagem que ainda há pouco puderam ver. Eu, em condição de insignificância, muito tenho trabalhado para desfazer o mal que ajudei a plantar. Tive uma rápida reencarnação, na qual fora vitimada ainda na infância de forma trágica. Em breve estarei novamente habitando um corpo, os planos encaminham-se para que renasça como filha de Vinícius. Sei que terei imensas dificuldades, mas não estou na condição de escolher nada.

Não quisemos prolongar mais a agonia daquela mãe, víamos o quanto era difícil para ela falar sobre o assunto. Certamente sentia-se ainda muito ligada a toda aquela situação. Aguardamos que ela se retirasse para que pudéssemos colher as orientações de nosso instrutor. Após breves esclarecimentos e a nossa mensagem de motivação para o porvir, Ilga retornou aos seus afazeres.

●

Sem a necessidade de questionarmos nada, Maximiliano veio em nosso socorro.

– Os mecanismos precisos das leis divinas que nos regem as existências materiais são por demais complexos para nossas condições limitadas de entendimento. Temos podido tomar conhecimento superficial das leis harmônicas às quais estamos submetidos, para que possamos aquilatar sua perfeita lógica e aprender, então, a resignarmo-nos ante as situações que encontramos em nosso caminho. Obtivemos parecer bastante oportuno, que nos fornece o devido exemplo para compreender que na vida nada está fora do seu devido lugar. Sabemos que para colher bons frutos precisamos primeiro semeá-los. O relato proferido, sem ainda a devida imparcialidade por parte de nossa irmã, nos remonta à condição deficitária de entendimento na qual todos nós ainda estamos inseridos ou começamos a querer ultrapassar. Na medida em que evoluímos moralmente, conquistamos condição de conhecer as minúcias de nosso passado de erros. Fortalecidos por novos ideais, encontramos condições suficientes para constatarmos nossa sombra. É, então, possível começar o processo lento de compreensão dos motivos que nos levaram a passar, necessariamente, por esta ou aquela espécie de dificuldade. Isso nos permite entender que a injustiça não existe, aprendemos a reconhecer nosso devido lugar diante da vida, nos conscientizando que não somos diferentes de nenhum de nossos irmãos, e que, se julgarmos os outros, estaremos julgando a nós mesmos, pois igualmente apresentamos um presente ou um passado de desvios e faltas.

Aqueles que se deixam envolver pelo ódio são os que mais sofrem, porque precisam ainda dos encontrões da vida para despertar para as consequências de suas atitudes. O sofrimento nestes casos é o professor eficiente que ensina o aluno que este caminho escolhido não é o melhor a percorrer. Quando nos damos conta dos erros que cometemos, a consciência nos pesa, acusa-nos diuturnamente exigindo reparação. Nesse momento é que a misericórdia divina manifesta-se mais uma vez permitindo que o espírito se enclausure em si mesmo através das mais diversas demências, que são como oásis em meio ao deserto de aflições. Mesmo sem condições de decidir qual o melhor rumo a seguir, o espírito recebe por parte daqueles que mais do alto o acompanham a possibilidade de refazimento na matéria, através de dificuldades específicas, para que ao acordar tenha expiado algumas de suas faltas, aliviando assim o remorso que o atormenta.

Nosso irmão, o caso bem específico que acabamos de ouvir caminha, se não houver maior orientação, para uma demência mental. Devido ao seu caráter agressivo, tende a ingressar no crime por intermédio das drogas, que está muito próximo de conhecer junto às más companhias com as quais convive.

Sabemos que cada caso tem suas particularidades. Este nosso companheiro ver-se-á em grandes dificuldades perante a própria consciência quando despertar para as atrocidades que cometeu em nome do preconceito. Mas esta página triste da história não necessita ser relatada em seus detalhes. Afinal, quem entre nós não cometeu seus muitos erros? "Atire a primeira pedra quem estiver sem pecado" – finalizou nosso orientador.

Estávamos realmente ainda muito distantes de sondar com propriedade a perfeita obra divina. O conhecimento parcial das leis que nos regem é alento para que possamos não somente encontrar resignação, mas igualmente procurar de forma consciente nos conduzir conforme as mesmas.

– Tenho uma pergunta: gostaria de saber por que essas reencarnações ocorrem em locais tão distantes dos ambientes onde as tragédias pessoais aconteceram? – questionei, solicitando maiores esclarecimentos sobre questão que me atiçava a curiosidade desde o tempo em que me defrontara com a Doutrina Espírita, ainda na condição de encarnado.

– O bom pastor deixa suas ovelhas em meio aos lobos? Sabemos que as relações de vingança têm seus argumentos por parte das vítimas, mas quem pode nos esclarecer o quanto estas vítimas são realmente vítimas? Jesus, nos incentivando o perdão, homologou-nos o caminho para nos desvencilharmos deste tipo de situação. Não é o perdoado que se liberta, mas quem faz uso do perdão.

Na condição de grandes endividados perante a própria consciência, por sentimento de culpa, ofereceríamos vigorosa sintonia para aqueles com os quais nos relacionamos no passado. Tais ocorrências nos impossibilitariam por muito tempo qualquer participação construtiva na reconquista da serenidade. Atacados diuturnamente, seríamos presas a cair facilmente na demência, que não possibilitaria maior aprendizado com relação às consequências de nossos próprios erros. Não se trata aqui de proteção aos que fizeram o mal como reclamam muitos obsessores quando se veem afastados daqueles para quem direcionam suas vinganças. Lembremos que o próprio afastamento impede que ocorram maiores comprometimentos, concorrendo em favor de todos, fornecendo ainda ao espírito a possibilidade de um tempo maior de reflexão.

Óbvio que neste caso trata-se de uma situação clara de sintonia na medida em que só se pode auxiliar a quem faz sua parte se protegendo. Aquele que atrai com seus pensamentos e atitudes a companhia desses obsessores terá de lidar com eles, mas mesmo aqui vemos a possibilidade de um gradual pagamento de débitos.

Temos a tendência por encontrarmo-nos seguidamente habitando sociedades que nos são mais ao gosto quando vamos reencarnar. Isso é mais exato nos casos de espíritos ainda muito atrelados à condição material, na qual acontecem os maiores débitos morais. Retirando-os destas regiões previsíveis, fica mais fácil fornecer a eles a possibilidade de um contato gradual com as individualidades com as quais necessitam quitar débitos. Existe aí a possibilidade de se fortalecerem laços para reencarnações cruciais, em que pretendem passar por dificuldades extremas, liberando de suas consciências aquilo que tanto os perturba.

Como sabemos, o Brasil, tendo sido "descoberto" há pouco tempo, fornece um ambiente de poucas relações comprometedoras para aquelas almas que buscam a possibilidade de refazerem-se para dificuldades maiores. É ainda o Brasil, terra onde encontramos a tolerância religiosa, cultural e racial, por exemplo, que oferece possibilidades propícias às necessidades imediatas de Vinícius. Onde mais se poderia encontrar tão amplo contato com a literatura construtiva, como a que se constata vastamente em difusão por intermédio dos livros espíritas? Não esqueçamos que cada situação passa pela avaliação oportuna e eficiente de espíritos em condição muito superior as nossas, que avaliam exatamente aquilo que nos parece mais imperioso na nova situação reencarnatória.

Deixávamos o prédio principal da instituição dirigindo-nos ao ginásio da escola. Local amplo, comportando algumas salas onde ocorriam atividades diversificadas, era o núcleo no qual ocorria a maior parte das atividades físicas e esportivas com as crianças.

Conforme nosso instrutor, acompanharíamos o caso de uma menina que se enquadrava na definição terrena de distúrbio de déficit de atenção, vulgarmente conhecido por DDA. Colheríamos maiores esclarecimentos sobre o tema que está bastante difundido entre os profissionais que lidam diretamente com as crianças.

Estávamos alguns minutos adiantados, a turma à qual a menina pertencia demoraria ainda um pouco para iniciar sua aula no ginásio. Acostumamo-nos a aproveitar eficientemente nosso tempo, e rapidamente nos colocamos em conversação instrutiva.

Brunner iniciou a palestra com a intenção de que Maximiliano nos oportunizasse novos esclarecimentos com relação à questão das sintonias espirituais.

– Com relação à sintonia espiritual, entendemos que seja um tema bastante complexo, pois mesmo habitando na espiritualidade ainda não conseguimos compreendê-lo com clareza. Apesar da superficialidade de nossos conhecimentos sobre o assunto, são para todos nós, creio, muito claras as constantes influências a que estamos vinculados, estamos em permanente vida de relação, algumas vezes conscientes disto e na maioria dos casos sem essa noção exata. Pergunto eu se dentre os espíritas que detêm de alguma forma esse conhecimento, ainda superficial, é verdade, mas que já nos altera o entendimento, não tem ocorrido certo descaso, um descuido nesta relação?

Maximiliano suspirou como que a tomar fôlego para responder, olhou para todos nós, atentos, aguardando a resposta, e sorrindo iniciou:

– Infelizmente é verdade sim. Existe este descaso por

parte de toda a humanidade. Há um ditado popular, simples e ingênuo, mas que serve para esta situação: "O que os olhos não veem o coração não sente". É assim que nos portamos quando submersos na matéria. Por não enxergarmos os espíritos costumeiramente enquanto estamos encarnados, acabamos esquecendo esta relação. Mesmo médiuns experimentados incorrem nesse descuido. Jesus foi muito enfático neste ponto quando recomendou: "Orai e vigiai". Mesmo que nossos olhos não vejam, seremos colhidos pelas mesmas sensações que atrairmos por afinidade; ela existe tanto para o bem quanto para o erro. Os espíritas que conhecem superficialmente esta possibilidade pecam corriqueiramente nesta afinidade fluídica. É bastante difícil, enquanto encarnados, não nos deixarmos levar pelas influências da matéria densa, é a porta grande.

– Poderia comentar alguma coisa sobre isso? Fica mais fácil de assimilar se possuirmos um bom exemplo para enquadrar o aprendizado – Japhet intencionava fornecer aos encarnados a oportunidade de aprofundar esse conhecimento, ele particularmente conhecia bem este tema, mas humildemente questionava algo que conhecia melhor que nós outros para que pudéssemos aprender também.

– Compreendo sua colocação. Para nós, desencarnados, é muito mais fácil situar tais conceitos, mas para os encarnados necessitamos dar exemplos pedagógicos. Creio que seja oportuno, já que possuímos a disponibilidade de tempo e que os companheiros pretendem passar parte destes informes aos encarnados, que eu relate uma situação que pude acompanhar – Max, como algumas vezes o chamávamos, iniciou o relato.

– Tivera eu, um tempo atrás, a oportunidade de acompanhar as atividades de um médium encarnado durante algumas semanas. Atuava ele como professor junto a crianças, principalmente meninos de nove a dez anos de idade. Era um companheiro bastante dedicado, não possuía grandes possibilidades mediúnicas, mas esforçava-se muito. Fazia regularmente suas leituras e procurava na medida do possível vivenciar o que aprendia.

Entre seus alunos havia um menino acometido de profundos distúrbios espirituais. Na tradição popular, quando o trabalhador está pronto, o trabalho aparece. Eis o que ocorreu. Realizara-se todo um esforço possibilitando aproximar esse menino necessitado junto ao professor e médium.

O menino estava envolvido por ideoplastias muito perturbadoras, acompanhantes espirituais o seviciavam permanentemente. Em função destas vibrações carregadas de desequilíbrio, havia uma constante influência negativa sobre a conduta do menino, o que o isolava socialmente. Este isolamento social o enfraquecia as resistências pela falta de amigos e oportunidade de refazer as energias em atividades de lazer tão importantes nesta fase infantil. A cada dia tornava-se mais refém dos obsessores.

Constantemente o menino era enviado à direção da escola por problemas disciplinares. As desavenças entre colegas eram quase que diárias. As dificuldades escolares somente cresciam. Ao reparamos em sua conduta, pudemos observar que não havia grande dose de maldade em seus pensamentos e atos, existia uma imprudência acentuada e falta de desenvolvimento moral.

No contato com esse professor era comum pronunciar palavras sem nexo, fora do contexto da conversação, como se estivesse alheio a tudo que se passava. O que ocorria era uma quase completa subjugação dos obsessores em relação à criança. Faziam o menino passar vergonha e ser repreendido devido ao comportamento inconveniente. Estávamos diante de um fantoche dos espíritos, que só não estava completamente dominado devido ao esforço de nobres trabalhadores da espiritualidade que o assessoravam.

Dificilmente o garoto conseguia manter-se em uma atividade esportiva entre os demais colegas de sua convivência. As vibrações que o circundavam, e encontravam nele muitas vezes reciprocidade, tinham o poder de perturbar o ambiente em que estivesse, agitando e irritando os demais encarnados. Por esta permuta fluídica que existia sem que percebessem, o sentimento de antipatia brotava naturalmente sem obstáculos, e o menino era sempre colocado de lado pelos demais colegas e, mesmo inconsciente, pelos professores.

Era acompanhado frequentemente por profissionais da área da saúde, que o enquadraram como sendo uma criança hiperativa e portadora do distúrbio de déficit de atenção. Infelizmente tais diagnósticos, como observarão no caso a seguir, não têm possibilitado grandes avanços na solução dos problemas que apresenta.

O médium que ele acompanhava trabalhava disciplinadamente em um grupo espírita. Trazia também companhias espirituais, como todos nós estamos sujeitos. Por diversas ocasiões, como sabemos, espíritos que seriam encaminhados à posterior assistência em grupo mediúnico acompanhavam o medianeiro em suas atividades diárias.

Fraquejando algumas vezes em sua preparação íntima para as atividades diárias, permitia ser influenciado pelas vibrações que o cercavam. Tornava-se então passível de influências inferiores, facilmente perdia a paciência e acabava sintonizando com as vibrações prejudiciais ao menino. Esta relação de sintonia era canalizada sobre o garoto, que causava irritabilidade na sensibilidade do médium.

O erro estava em se permitir impacientar; na medida em que isto ocorria, uma oportunidade se abria, e o professor se via alvo igualmente dos obsessores presentes no ambiente, que não gostavam da possibilidade de auxílio espiritual que poderíamos oferecer ao garoto nos utilizando do médium.

Mesmo entre os espíritas, mesmo entre trabalhadores dedicados, existe a possibilidade destas ocorrências. O conhecimento do Espiritismo não nos torna imunes. Fornece, sim, a possibilidade de sabermos lidar melhor com a situação, mas ao menor sinal de descuido estamos desimpedidos de estabelecer sintonia com os espíritos que nos circundam. E a sintonia depende da ascendência de qualidade de nossos sentimentos e pensamentos.

Felizmente após árduo trabalho, que exigiu colaboração encarnada e desencarnada, conseguimos encaminhar o menino a uma instituição espírita, onde se encontra mais bem supervisionado. A relação de sintonia entre os envolvidos diminui pouco a pouco, e apesar do prognóstico positivo, o êxito depende muito do esforço pessoal do menino e de seus familiares no cultivo de virtudes que o fortaleçam – o orientador encerrara a narrativa no instante que a campainha da escola anunciava a troca de período.

Jullien ainda questionou:

– De tudo isso que nos relatou, podemos considerar então que médiuns não devam trabalhar com crianças?

– Pelo contrário, meu amigo. Todos estamos diuturnamente sob influências espirituais, o fato de habitualmente não as observarmos em nada impede que ocorram. A faculdade mediúnica, quando disciplinadamente exercida, com muito estudo, facilita a adoção de mecanismos de defesa contra essas influências negativas, ainda permitindo maior sintonia com espíritos benévolos que queiram auxiliar – silenciando por poucos instantes, continuou. – Isto também não quer dizer que os médiuns tenham melhor condição de lidar com as crianças. Nem uma alternativa nem outra. Somos todos influenciáveis pela espiritualidade, o que diferencia a qualidade desta influência, destes vínculos espirituais, é aquilo que habita dentro de nós. O mais importante fator para qualificar aquele que lida com crianças, e com seres humanos de uma forma generalizada, é a capacidade de amar que o move. Tendo instrução, estando bem preparado, tudo fica mais fácil, mas entre os espíritos inferiores também existem indivíduos com essas condições. Portanto, somente o amor os pode diferenciar.

– Teria sido válido separarmos o menino para que não influenciasse as outras crianças? – questionei por minha vez.

– Essa pergunta me lembra a segregação racial.

A resposta de Maximiliano me deixara envergonhado, fora imprudente em perguntar algo sem pensar. Estava óbvio que não deveríamos nos selecionar por esse tipo de julgamento.

– Não fique constrangido. Como poderíamos separar um espírito necessitado se Jesus deixou de lado nossa inferioridade e reencarnou entre nós? Deixou-nos dito que é pelos doentes que olhava com mais carinho, incitando aqueles que se imaginarem sãos a seguirem seu exemplo. Isolar o menino somente o perturbaria mais. Não podemos ser ingênuos em pensar que somente ele tenha suas imperfeições. Somos extremamente imperfeitos. O convívio com as imperfeições alheias é uma escola. Muitas vezes nos impacientamos com a conduta alheia por observarmos a nós mesmos naqueles comportamentos. A caridade incita-nos a trabalhar pelo bem comum. Sejamos caridosos, como os espíritos superiores têm sido conosco.

A resposta de Maximiliano me deixara sem jeito. Ele sorrira e com a mão no meu ombro disse:

– Sei que nem sempre sabemos nos expressar como gostaríamos. Mas Deus sabe o que vai em nosso coração, por isso não se preocupe em demasia.

A gentileza de nosso amigo fora tamanha que imediatamente esqueci o quão fora inoportuno com meu questionamento.

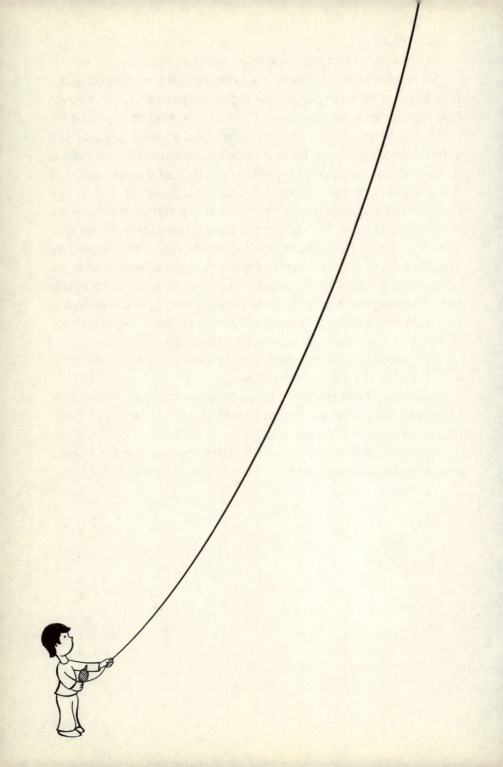

# 7 Esclarecimentos oportunos

Dava entrada ao recinto onde aguardávamos uma turma mista, composta de meninos e meninas, que pertenciam todos ao núcleo de educação infantil da escola e tinham em média 6 anos na atual encarnação.

Facilmente percebemos a criança que teríamos a oportunidade de observar. Era uma menina muito bela, loura de olhos azuis, com feições que se assemelhavam às mais finas bonecas de porcelana. Entrou agitada, e logo atrás seus coleguinhas a seguiam. Possuía uma atmosfera fluídica muito particular.

Curiosos e sedentos por algum tipo de informação com relação ao tipo de ocorrência que presenciávamos e desconhecíamos, procuramos com os olhos nosso instrutor. Maximiliano sorrira e mentalmente nos dirigira a palavra pedindo paciência com relação à observação.

Como todo aprendiz entusiasmado, facilmente nos precipitávamos, abusando com questionamentos desnecessários que mais alguns instantes de espera poderiam esclarecer.

Iniciara a aula de dança, da qual participaram todos os alunos da turma. Constatamos a presença de um grupo de desencarnados nervosamente aguardando alguma coisa que desconhecíamos.

Após mais alguns minutos, entrou um pequeno grupo de espíritos, todos trajados de maneira extravagante. Os demais desencarnados que já se encontravam no local pareceram aliviados com a chegada do grupo.

Estávamos diante de atividade bem urdida. Não víamos a desorganização que habitualmente se fazia presente entre espíritos nessas condições. Três desencarnados pertencentes ao grupo que chegara por último assumiram a direção das atividades que estavam dispostos a desenvolver.

Ao todo, em torno de quinze espíritos se organizavam para algum tipo de atividade. Notamos que os três espíritos que lideravam possuíam profundos conhecimentos sobre intercâmbio energético por meio da utilização do ectoplasma dos encarnados.

Rapidamente se puseram a manipular o ambiente com passes extravagantes, e imprimindo ao movimento mentalização própria, começaram a manipular habilmente o ectoplasma da menina que observávamos.

Nossa presença não era constatada. Nos assustamos diante do principiar daquelas atividades, estávamos dispostos a impedir a execução de tais planos. Dirigimos os olhares para Maximiliano, que para nossa surpresa acompanhava tudo aquilo com tremenda naturalidade.

Constatando nosso desejo de auxiliar, pediu-nos mais uma vez, mentalmente, que tivéssemos paciência. Acatamos a orientação que recebíamos, mas não conseguimos esconder a nossa consternação diante do fato.

Manipulando os fluidos ectoplásmicos das crianças, que dispunham em abundância desta substância semimaterial, passaram a permitir que os demais espíritos presentes desfrutassem de parcelas do material recolhido. Alguns espíritos saciavam o desejo de novamente sentirem sensações materiais, aproximavam-se dos encarnados e envolvidos em seus campos energéticos permutavam impressões em perfeita troca fluídica.

Rapidamente as crianças agitaram-se, a professora permitira-se invadir por pensamentos confusos. Nossa menina atuava como usina de força para a obtenção do ectoplasma.

Em poucos instantes a turma se agitara por completo. Acompanhávamos atônitos o alvoroço facilmente provocado no ambiente, víamos espíritos que se divertiam importunando a professora através das crianças e atuando ao mesmo tempo no desequilíbrio de seus pensamentos. Presenciávamos também espíritos que pareciam interessados somente na sensação de estar novamente de posse de um corpo, a troca fluídica com os encarnados parecia causar em alguns dos desencarnados o mesmo efeito daqueles indivíduos que utilizam drogas.

Conseguíamos agora compreender o significado da agitação inicial por parte de alguns desencarnados. Aguardavam os especialistas na manipulação do ectoplasma como feras na espera de ver saciado seu desejo de matar a fome. Eram eles viciados em sensações físicas; mas, para satisfazer este desejo, necessitavam do fluido vital dos encarnados.

A menina que acompanhávamos com maior interesse, após algum tempo começou a agitar-se como que incomodada com a atuação dos desencarnados. Balançava a cabeça repetidas vezes, parecia estar alheia ao ambiente em que se encontrava. Com relação às demais crianças, algumas corriam, outras riam em altos brados, o ambiente estava completamente alvoroçado. Encontrávamo-nos diante de um perfeito laboratório espiritual de ação obsessiva. Aqueles que não acreditam na existência da espiritualidade ficariam pasmos se pudessem enxergar o que víamos naquele momento.

A professora, descontrolada emocionalmente, começou a chorar, suas lágrimas traduziam a sensação incômoda de permuta fluídica, que desconhecia, aliada à falta de possibilidades para controlar o comportamento das crianças. Muitos dos desencarnados riam, divertiam-se com a situação.

Constatávamos que a menina, assim como outras crianças utilizadas para dinamizar o processo de intercâmbio fluídico, começava a diminuir a doação ectoplásmica. A fonte energética parecia secar. As possibilidades de doação fluídica por parte das crianças diminuíam acentuadamente, o que impossibilitava os desencarnados de continuarem com a envolvente e eficaz influenciação que causaram ao ambiente.

A menina, Isabela era como se chamava, passara a apresentar sonolência. A doação sem controle de fluidos vitais lhe causara cansaço. Outras crianças começaram a se acalmar, cansadas da agitação, mas ainda muitas delas mantinham-se vinculadas à influência dos obsessores.

Pela porta principal do ginásio entrou mais um professor encarnado, pudemos averiguar que junto a ele seguiam mais dois desencarnados que o inspiravam. Sua presença costumeiramente impunha disciplina às crianças. Fora intuído, sem perceber, a se dirigir ao ambiente em polvorosa. Era a ajuda necessária para apaziguar o ambiente fisicamente.

Rapidamente os desencarnados começaram a deixar o local, sentiram a presença de trabalhadores do bem, alguns poucos permaneceram nos arredores aguardando seus acompanhantes encarnados.

●

Auxiliamos no restabelecimento da possível calma do ambiente. Ficamos sabendo que aquele tipo de situação ocorria semanalmente. O despreparo de todos os envolvidos para lidar com esse tipo de situação era completo. Os desencarnados encontravam excelente fonte de recursos ectoplásmicos naquela turma, o que os atraia em grande número.

A inexistência de entendimento das circunstâncias espirituais que envolviam a situação fazia com que tal ocorrência fosse atribuída à presença de crianças que apresentavam distúrbio de déficit de atenção e hiperatividade, o que não compreendia a situação de maneira ampla.

Devido a essas ocorrências, os pais eram chamados a diversas reuniões, que praticamente não mudavam o quadro da situação apresentada. As crianças recebiam acompanhamento especializado, os pais preocupavam-se, mas o conhecimento espiritual, que ampliaria as possibilidades de entendimentos, não existia.

Soubemos que excelentes e esforçados médicos e psicólogos acompanhavam algumas das crianças, mas a incompreensão dos recursos espirituais os impossibilitava de lidar com um diagnóstico que conheciam, mas do qual desconheciam as reais causas. Tratavam mais uma vez os efeitos de forma muito limitada, esquecendo-se das causas, o que acabava por não fornecer o resultado desejado.

Como de praxe, iniciamos nossa rodada de perguntas ao instrutor.

– Admito que fiquei muito angustiado em não poder auxiliar no início de toda a situação que acompanhamos. A que se deve nosso procedimento neste sentido? – Fui eu que inquiri.

– Compreendo que este tipo de ocorrência é incômoda. Normalmente somos dotados de boa vontade, mas nos falta a devida compreensão para ajudar melhor. Saibam que auxiliamos muito mais do que imaginam.

Entreolhamo-nos surpresos.

Continuou Maximiliano.

– O fato de impedirmos a ocorrência que presenciamos desde o seu iniciar, neste caso, não traria benefício algum. Faz bastante tempo que esta situação vem se desenrolando sem que os encarnados se munam de possibilidades de proteção. Ao proteger as crianças como gostaríamos, estaríamos adiando a possibilidade de aquisição de novos recursos para maior entendimento da situação. Não temos possibilidades de estar o tempo todo com todos os envolvidos. Quem os auxiliaria quando estivéssemos ausentes? É necessário que, através de uma conscientização maior da situação que os envolve, possam aprender a fortalecer a si mesmos.

Não quero que pensem que estamos sendo omissos. O auxílio aconteceu. Vocês puderam acompanhar e mesmo ajudar.

Também puderam perceber que os desencarnados chegaram espontaneamente, encontraram aqui, e já faz algum tempo, campo propício para o atendimento de suas necessidades. Se passarmos a mão sobre a cabeça uns dos outros toda vez que errarmos, jamais iremos aprender. Os indivíduos envolvidos nesta situação estão recebendo a oportunidade de adquirir novo aprendizado. Mesmo que não nos peçam ajuda, porque são pouco dados a preces, recebem nosso acompanhamento. Compreendo que seja difícil ver este tipo de situação acontecer, porém elas ocorrem o tempo todo, nos mais diversos locais, os próprios encarnados são coniventes com tais ocorrências, deixam de vigiar atos e pensamentos e acabam por atrair as companhias que lhes são afins. Estamos remediando para o amanhã. Se aprenderem a se proteger pelo uso da prece e da moral elevada, conseguirão manter o equilíbrio quando não estivermos com eles.

– Então existe um planejamento de auxílio a todo esse grupo? – Indagou Japhet.

– E como não? Se até os fios de nossas cabeças estão contados, o que dizer de situações como essas? Para que fiquem mais tranquilos, saibam, que, segundo fui informado, esta menina que pudemos acompanhar está em vias de se consultar com profissional da área da psicologia adepto do movimento espírita. Essa busca somente aconteceu em função das dificuldades que pudemos constatar. Se estivéssemos sempre a impedir o que os próprios encarnados cultivam, por acomodação, a renovação que desejamos não aconteceria. E esta menina irá crescer, continuará com elevado índice de produção de ectoplasma, por ser uma condição biológica, e, se não alterar seu comportamento, continuará igualmente a fornecer recursos aos obsessores e vampiros que acompanhamos. Tais dificuldades significam futuramente sua libertação.

Estávamos compreendendo.

Brunner continuou a rodada de esclarecimentos.

– Pudemos ver que nem todos os desencarnados fizeram uso do ectoplasma, por quê?

– Estivemos diante de uma situação que podemos comparar com o tráfico de drogas. Somente os espíritos que recém-desencarnam ou trazem profundo apego à matéria apresentam este tipo de necessidade, desejo de sentir as sensações do corpo em troca fluídica com os encarnados. Pudemos observar que alguns buscaram o envolvimento com o ectoplasma como sedentos viciados, outros se utilizaram das energias vitais dos encarnados para divertirem-se influenciando uns e outros. E se puderam perceber, aqueles três espíritos que eram aflitivamente aguardados pelos demais somente observaram o desenrolar dos acontecimentos.

Sim, é mesmo. Ficamos de tal forma angustiados com o que víamos que deixamos de apurar os detalhes – pensei.

– Aqueles três são espíritos que detém maior conhecimento, mas nem por isso deixam de usar o que sabem para o mal – seguiu o instrutor. – Falta-lhes amadurecimento moral. Esses três desencarnados juntaram forças e seviciaram outros desencarnados, que os seguem por medo e interesses individuais. Unidos, buscam, como na situação de hoje, perpetrar vinganças particulares, fomentando ainda a servidão de seus seguidores. Esses espíritos têm interesse de que os subalternos mantenham-se carentes do ectoplasma, como verdadeiros viciados das impressões físicas, pois assim mantêm a todos em constante dependência de seus recursos como magnetizadores e, desta forma, dispostos a seguirem suas ordens.

"Puxa, a situação era muito mais complexa do que podia imaginar". – Acho que pensei alto, porque todos me olharam.

– Muito mais complexa do que temos condições de aquilatar. E nem nos aprofundamos na situação particular de cada envolvido. O que dizer se pesquisássemos as relações pretéritas? – concluiu Maximiliano.

– Gostaria de ouvir algo sobre as definições de distúrbio

de déficit de atenção e hiperatividade que comentou – desta vez quem falou foi Jullien.

– Era neste tema que queria chegar. Temos nos deparado constantemente com diagnósticos premeditados por parte de profissionais pouco preparados espiritualmente. Contagiados pelo modismo, acabam rapidamente adotando pareceres que nem sequer compreendem como deveriam. Não estamos criticando a medicina ou a psicologia, existem muitos profissionais dedicados, mas infelizmente, como em toda atividade, existem aqueles que não entendem a extensão da profissão que abraçam. Meus conhecimentos com relação a esse assunto ainda são bastante limitados, não tenho essa capacitação, mas conforme nosso cronograma, na noite de amanhã acompanharemos uma explanação que nos esclarecerá sobre tais temas.

Recebemos dispensa naquele dia que já anoitecia. Tivemos um dia muito frutífero na aquisição de novos conhecimentos. Deixamos a escola terrena rumando cada um para seus afazeres noturnos.

Ficou acordado que daríamos prosseguimento aos nossos estudos na noite próxima, encontrar-nos-íamos no plano espiritual de um centro espírita.

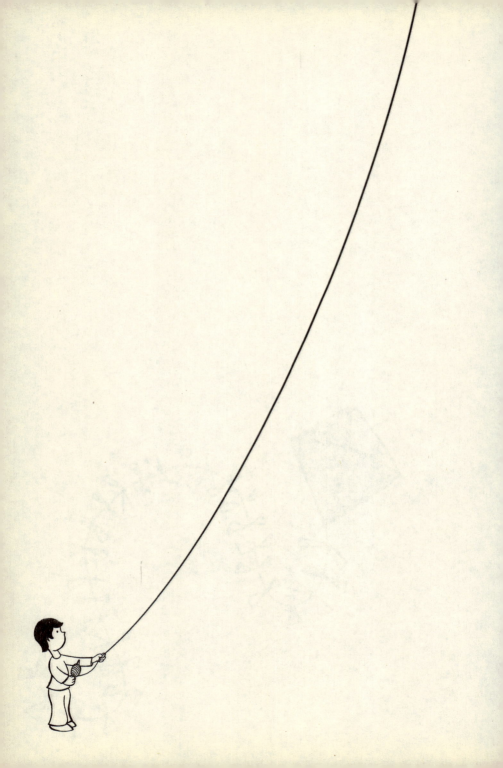

# 8 A explanação De Cristóvão

Conforme combinado, pontualmente encontramo-nos no plano espiritual de pequeno centro espírita. Na esfera extrafísica estávamos em grande construção espiritual, bem diferente da situação que constatávamos no plano material.

Reunidos, nos encaminhamos para pequeno auditório. Entramos em uma sala simples, cadeiras confortáveis comportavam o número de até cem espectadores. Sentamo-nos um ao lado do outro, ocupamos uma fileira de poltronas. Aos poucos o auditório foi enchendo.

Maximiliano comentou:

– Teremos a oportunidade de receber valiosos esclarecimentos na noite de hoje. Esta atividade pertence a projeto amplo e muito bem coordenado pela espiritualidade, visa a difundir novas formas de compreensão das relações dos seres humanos entre si. Este projeto itinerante tem ocorrido em diferentes regiões do planeta, tem visitado diversas comunidades, independentemente das religiões professadas. Para tanto, busca adaptar-se às possibilidades e particularidades de cada agrupamento que visita.

No nosso caso, conforme o programa que me forneceram, acompanharemos a dissertação de um pesquisador, Cristóvão é seu nome; assumiu ele a função de transmitir os possíveis esclarecimentos a nossa região. São muitos os encarregados de tal tarefa, em cada local há um responsável que melhor se enquadre com o contexto do lugar. O principal aspecto da reunião é tentar infundir nos espectadores a mesma mensagem em essência, mesmo que para isso utilizem diferentes formas.

Ao nosso redor muitos dos participantes da reunião estavam ainda encarnados. Existia um número bastante elevado de espectadores nessa situação.

– Estas reuniões são exatamente para os encarnados. A espiritualidade quer que chegue até eles a mensagem a ser apresentada aqui. Os encarnados mais sensíveis, atuantes em diferentes áreas, encontram-se em grande quantidade entre nós na atividade de hoje, todos acompanhados de seus respectivos orientadores espirituais – Maximiliano explicou.

– Eles devem fazer como nós, tentar transmitir estes ensinamentos aos encarnados? – indaguei curioso.

– Sim e não. É característico da espiritualidade lançar ensinamentos semelhantes provindos de diferentes fontes em épocas bem definidas. Nem todos aqui irão escrever, falar ou sequer lembrar exatamente do que escutarão, porém, guardarão intuitivamente a essência da mensagem. Isto os deixará receptivos, pois quando entrarem em contato com estes esclarecimentos, poderão analisá-los com carinho e atenção. Muitos aqui são professores, psicólogos e psiquiatras, que, receptivos a nossa influência, recebem a oportunidade de participar da reunião. Este tipo de palestra já vem ocorrendo faz algum tempo, abordando diferentes temas, e continuará sendo repetida pelo tempo que se fizer necessário, até que todos os possíveis participantes tenham tomado contato com a proposta que a espiritualidade nos oportuniza – Maximiliano finalizou porque já tomava lugar o palestrante da noite.

Um homem de aparência simples aparentando quarenta anos aproximadamente colocou-se à frente de todos e iniciou sem delongas a explanação:

– Boa-noite, companheiros, que mais uma vez possamos ser abençoados pelo excelso Criador que nos idealizou no amor para o amor. Que estejamos todos dispostos ao constante aprendizado a que somos convidados a efetuar, que saibamos aproveitar as oportunidades que nos surgem para disseminar o bem entre nossos irmãos.

Sem prolongar-me demais gostaria que soubessem que me encontro incumbido da tarefa de repassar aos companheiros conhecimentos que nos foram oportunizados em circunstâncias semelhantes a essa. Pretendemos alimentar em todos os presentes novas aspirações, concepções que venham a permitir uma visualização do ser humano integral, possibilitando compreender que por detrás de um corpo perecível existe e ascende sobre ele um espírito imortal destinado ao progresso contínuo.

Vivemos um momento especial. Encontramo-nos em meio à tormenta da mudança. A ciência mecanicista dá seus últimos suspiros, diante dela erguem-se barreiras intransponíveis para os novos enigmas que atormentam os seres humanos. Suas respostas não mais saciam o desejo por conhecimento da humanidade. Pouco a pouco novos postulados, nas mais diferentes áreas do conhecimento, aproximam-se de desvendar a existência de uma inteligência que sobrevive à perenidade da matéria física.

Este período de transformações conclama-nos ao trabalho. Em diferentes ocasiões, atividades como a que podemos participar na noite de hoje nos inflamam o espírito à necessária mudança de paradigma. Encontram-se entre nós espíritos encarnados e desencarnados que atuam efetivamente vinculados a labor educativo e transformador de nossa sociedade. Assim como hoje somos estimulados em aspecto específico, diferentes companheiros também o são nas particularidades em que atuam.

Somos convidados a nos embrenhar em campo complexo, que nossos limitados recursos intelectuais ainda não conseguem contemplar eficientemente. Mas tal constatação não nos pode ser fator desmotivante, muito antes pelo contrário, pois estamos recebendo amplo amparo superior. Amparo este que nos encaminha a novos conceitos, a uma nova interpretação da vida, que visa antes de tudo à possibilidade de nosso próprio melhoramento.

Os companheiros que aqui se encontram têm se deparado com enigmáticos problemas perante as atividades que desenvolvem junto à infância. As questões do espírito suscitam dramas de difícil encaminhamento por estarmos apoiados em nossa visão limitada pelos postulados de uma ciência que desconsidera o espírito.

Atualmente deparamo-nos com os difíceis casos de distúrbios de déficit de atenção, que ocorrem muitas vezes em associação com os problemas da hiperatividade. Somos orientados no plano físico por profissionais esforçados em sua maioria, dignos de verdadeiro reconhecimento, mas que veem com os olhos limitados da ciência antiga, que ainda descarta o espírito. Se conseguimos resultados efetivos no tratamento de tais problemas, nem sequer compreendemos o porquê que tal fato se deu, andamos em terreno ainda obscuro.

O esforço da espiritualidade fere o dogmatismo científico ainda vigente para que novas portas se abram nos permitindo oportunidades outras de esclarecimento.

Ao que sabemos, ainda limitadamente, o distúrbio de déficit de atenção, vulgarmente conhecido como DDA, ocorre como resultado de uma disfunção neurológica no córtex pré-frontal. Esta região é responsável pela racionalização dos estímulos que nos chegam, sejam eles externos ou internos.

Quando mantemo-nos concentrados em determinada atividade, nosso córtex pré-frontal envia sinais inibitórios para as outras áreas do cérebro, sossegando os demais estímulos que nos chegam para que possamos nos concentrar.

Incluindo a estes conceitos a realidade espiritual, enfatizamos que o excesso de ectoplasma possibilita uma maior excitabilidade, o que permitiria incremento na receptividade a estímulos por parte do encarnado. Captando estímulos em maior quantidade do que poderia assimilar, passaria a apresentar dificuldades para conseguir uma concentração adequada. Esta dificuldade de concentração vem sendo classificada oficialmente como distúrbio de déficit de atenção (DDA).

A ciência médica terrena constatou que o portador de DDA tem uma tendência à impulsividade, falar e agir sem pensar. Sabemos que o ectoplasma é o elo que permite a interação do perispírito com o corpo físico, havendo ectoplasma em abundância a possibilidade de interferência externa ou mesmo interna tende a acentuar. Em outras palavras, o encarnado tornar-se-ia mais influenciável aos elementos espirituais, atraindo-os para si conforme a conduta, o que o auxiliaria ou prejudicaria em consonância com os componentes envolvidos.

Um percentual muito elevado das crianças que apresentam DDA sofre igualmente com a hiperatividade[6], constatou-se um índice próximo a cinquenta por cento dos casos. O excesso de ectoplasma hipersensibiliza o encarnado, que, por efeito do automatismo fisiológico, busca liberar a energia excedente como melhor conseguir.

Poderíamos então, a partir do que refletimos, afirmar que a hiperatividade tão badalada atualmente é provocada por obsessores? Provavelmente alguns dos irmãos presentes me fariam este questionamento.

É necessário que deixemos de responsabilizar os outros pelos problemas que nos acometem. As circunstâncias que nos colhem são fruto de nossa conduta atual e passada, assim como as companhias que atraímos para perto de nós.

Nem sempre haverá, junto à criança, a presença efetiva de um espírito galhofeiro lhe estimulando traquinagens. O ectoplasma em abundância oferece, ou melhor, amplia essa

---

[6] Também conhecido pela designação TDAH – Transtorno do déficit de atenção e hiperatividade.

possibilidade, mas de forma alguma torna obrigatória sua ocorrência.

Grande parcela das crianças nesta situação atormenta os familiares e os professores com sua inquietude. O literal excesso de energia que apresentam exige elevada paciência daqueles que convivem com a criança. Exercício oportuno que somos chamados a praticar.

Os relatos de meninos e meninas que não conseguem parar quietos, chamando sempre a atenção, "podem" caracterizar uma atividade inconsciente comandada pelo automatismo perispirítico no gasto de ectoplasma excedente, como enfatizamos anteriormente. Desta mesma forma são comuns relatos de crianças que vivem cantarolando fora do momento apropriado, ou ainda, balançando-se fortuitamente.

A presença de um espírito obsessor estimularia e até mesmo dirigiria, conforme o caso, as ações da criança. Porém, tal fato só seria possível se houvesse sintonia entre o encarnado e o desencarnado, seria necessária uma similaridade fluídica entre os envolvidos.

É por estes aspectos que evidenciamos a importante função do lar, pois será aí e nos demais ambientes que a criança frequentar com assiduidade que poderá ela ser estimulada aos elevados valores morais. Valores esses que, se bem incentivados, afastarão a possibilidade de influências espirituais prejudiciais sobre a criança.

Lembremo-nos de que o ectoplasma relaciona-se com o metabolismo celular e necessita da corrente sanguínea para seu funcionamento. Por consequência, as variações da pressão circulatória influirão sobre a produção ectoplásmica. Atritos familiares poderiam servir para exemplificar situações que estimulariam estas alterações, somados ainda ao padrão mental, que caracteriza uma discussão acabaríamos por perpetrar um ciclo vicioso. Estaríamos diante de uma criança que, impulsionada pelo automatismo perispirítico proveniente do excesso de ectoplasma, buscaria descarregar suas energias de qualquer maneira. Seu comportamento intranquilo afetaria aqueles que com ela convivessem, provavelmente os impacientando. Facilmente surgiriam os atritos, as discussões, que agravariam as crises, aumentando a energia ectoplásmica com necessidade de ser gasta. Tais distúrbios familiares teriam ainda a consequência, se extremados, de diluir qualquer barreira à ação vampirizadora.

Àqueles que não compreendem o que seja o vampirismo entendam que chamamos de vampiros os espíritos desencarnados que se aproveitam do ectoplasma dos encarnados na tentativa de reviverem sensações possíveis através do corpo físico. É muito comum entre aqueles irmãos encarnados muito afeitos aos excessos alimentares, aos usuários de drogas e praticantes do sexo desregrado.

A situação das crianças, que abordamos até agora, se presta muito a este tipo de relação caso não exista a devida proteção através da prece exemplificada pela conduta reta.

A palestra de Cristóvão seguiu ininterrupta por mais alguns minutos, e a seguir se colocou à disposição para oportunos questionamentos.

●

Foi um companheiro desencarnado que iniciou a rodada de indagações:

– Boa-noite, prezado irmão. Meu nome é Igor e fiquei intrigado com as colocações que fizestes a respeito da superprodução de ectoplasma. Saberia o irmão nos informar o que desencadeia esta produção orgânica excessiva?

– Uma boa pergunta. Se não a fizessem, eu certamente chegaria nela. A compreensão dos fatores que dão origem a este funcionamento é chave mestra para evitar suas consequências desagradáveis.

Infelizmente, no nível evolutivo em que nos encontramos,

ainda não possuímos recursos suficientes para compreender o perfeito funcionamento fisiológico da produção de ectoplasma. O mundo espiritual, em relação constante com os encarnados, tem feito grandes esforços de pesquisa para sanar estas dúvidas. É certo que espíritos discretos que nos orientam, provindos de esferas mais elevadas, possuem tais recursos de entendimento, mas por nossa debilitada condição moral ainda necessitamos de maior desenvolvimento neste sentido, para nos candidatarmos a tal conhecimento. O conhecimento sem moralidade a direcioná-lo pode tornar-se desastroso nas mãos da humanidade encarnada e desencarnada.

– Para esboçar uma resposta razoável a seu questionamento – Cristóvão procurava dirigir sua atenção a todos que o observavam. Parecia querer prender a atenção de cada um de nós –, precisamos compreender que existem duas possibilidades maiores para esta ocorrência.

A primeira possibilidade diz respeito à prova ou programação prévia, em que o encarnado se fará portador da mediunidade para o crescimento íntimo e coletivo se souber dignificar tal oportunidade. Sabemos que o ectoplasma possibilita o controle do espírito sobre o corpo material, é este substrato semimaterial[7] que permite a relação entre o corpo do espírito (perispírito) e seu corpo físico. É através do ectoplasma que o espírito desencarnado consegue utilizar os recursos do médium encarnado para efetuar suas comunicações. O ectoplasma presta-se para todas as manifestações espirituais de que tomamos conhecimento enquanto encarnados, mas destaque absoluto na mediunidade de efeitos físicos, como nos casos de materializações ou deslocamentos de objetos.

Em nossa segunda possibilidade, deparamo-nos com o fator consequência. Sabemos que todo efeito tem uma causa originária, é neste fator que se prendem a maioria dos casos que

---

[7] Por tratar-se de matéria em condição ainda pouco conhecida pela humanidade encarnada, preferimos usar o termo semimaterial.

observamos cotidianamente, porque estão quase sempre relacionados a uma consequência natural, oriunda das atitudes e dos pensamentos do espírito encarnado.

Nosso mundo celular, composto por inteligências rudimentares, acostumou-se a preservar a própria existência. As células, por imposição do automatismo fisiológico, que é aquisição espiritual, aprenderam a produzir ectoplasma para a manutenção da vida encarnada. Pavlov, fisiologista russo, com seu reflexo condicionado, nos demonstrou que tendemos a repetir lições e procedimentos uma vez que habitualmente executados. Nossas células são coordenadas inconscientemente por nós mesmos, por tratar-se de aquisição que efetuamos através de incursões evolutivas por outros reinos da natureza.

Em função deste mesmo reflexo condicionado, se nos mantivermos em uma condição de desregramento diário, abusando das possibilidades do veículo orgânico, forçaríamos as células a trabalhar aceleradamente visando à subsistência. Abusando de bebidas, drogas e outras formas de desgastar o próprio corpo, estimularíamos nossos companheiros celulares a fazer o que sabem, produziriam o ectoplasma necessário à manutenção da vida encarnada pelo período que conseguissem.

Em uma próxima encarnação, em função de nossa conduta, teríamos "viciado" as células a funcionar excessivamente, estariam condicionadas a lutar pela sobrevivência antecipadamente, produzindo ectoplasma em abundância mesmo que não houvesse essa necessidade. É por este fator que encontramos maiores índices de DDA e hiperatividade entre crianças, nelas o excedente se faz mais perceptível porque não cometem ainda grandes abusos com o corpo físico, não equilibrando, assim, a produção e a demanda. Somente um novo processo de condicionamento conseguiria imprimir nas células uma forma equilibrada de funcionamento, o que pode levar mais de uma encarnação para ser efetuado.

Poderíamos tratar também aqui do efeito contrário; ao invés do excesso de produção, lembrar da baixa produção de ectoplasma, que impossibilita um perfeito domínio do espírito sobre o corpo encarnado, caracterizando os casos de autismo.

Fica fácil de explicar o fator que origina este efeito se nos utilizarmos do caso do suicida consciente. Assim como o desregramento forçou as células a funcionar de maneira acelerada, o desejo de autoaniquilamento poderá imprimir sobre as células, em uma próxima existência, uma diretriz para que funcionem em níveis inferiores aos necessários. Se o espírito não quer existir, suas células recebem estímulo para não funcionarem bem. Isso dificulta a perfeita interação entre espírito e corpo. Na maioria das situações deste tipo, o espírito tem perfeita lucidez, mas seu corpo apresenta impossibilidade de demonstrar esta capacidade de entendimento, manifestando-se em variados níveis, desde o autismo em sua forma mais simplificada até mesmo as mais agravantes condições mentais[8].

O mesmo companheiro de antes voltou a indagar:

– Por que este desejo de morrer que o suicida apresenta não teve maior influência enquanto encarnado?

Cristóvão fora rápido em responder:

– O desejo do espírito encarnado não repercute de forma tão eficiente sobre as células do que quando desencarnado. O corpo físico, por ser constituído pela participação de individualidades em processo evolutivo, vincula-se ao princípio de autopreservação instintivo. O espírito acaba por entrar em conflito com seu próprio corpo, o que ameniza de certa forma consequências mais imediatas.

A ocorrência desta influência fica evidente nos casos de pacientes que se deixam morrer sem resistência orgânica alguma, suas funções orgânicas são enfraquecidas pela própria

---

[8] Condicionamentos comportamentais repercutiriam sobre o metabolismo celular, e, quando da formação de nova vestimenta biológica, alterariam nossa propensão às interações ambientais (agindo sobre a sensibilidade). Sem a direção moral adequada, tenderíamos a manisfestar tais alterações sob a forma de distúrbios.

vontade de morrer. As células enfraquecidas por debilidade orgânica oferecem maior possibilidade de influenciação por parte do espírito que as dirige. Este desejo de autoextinção que o espírito carrega na mente será repassado, ainda no útero materno, no momento de sua concepção, para a nova vestimenta física, que sentirá todas essas impressões.

Cristóvão, com olhar percuciente buscava na plateia que o observava mais questionamentos. Outro espectador, desta vez encarnado, questionou:

– Em ambas as situações, tanto no caso da produção excessiva de ectoplasma quanto na produção reduzida, tivemos como exemplo casos de suicídio, um consciente e outro inconsciente, pelo uso indisciplinado do corpo físico. Pergunto: o que concorre para esses efeitos diferenciados em situações de origem aparentemente tão semelhantes?

– Bem – Cristóvão refletiu alguns segundos e respondeu –, o fator fundamental é a vontade que move o espírito perante suas ações. As repercussões que o espírito sofrerá em nova reencarnação se devem principalmente à impressão mental que carrega. Poderemos passar todos pelo mesmo evento, mas cada um de nós terá uma impressão e um entendimento diferente do mesmo. A lei de causa e efeito funciona conforme esses componentes íntimos, por isso se veem tantas variações de consequências para fatos que aparentemente se assemelham. É correto afirmar que cada um aqui presente levará uma visão diferenciada de nosso encontro, pois cada um de nós se deteve mais em determinado fato do que em outro. Ficou compreensível assim?

A explanação de Cristóvão fora simples e oportunizava amplo material para reflexão. Ficava fácil agora perceber por que dois criminosos que tivessem participado do mesmo crime, por exemplo, não necessariamente sofreriam com as mesmas consequências. E a gama de possibilidades aumenta ainda mais se levarmos em consideração a oportuna direção planejada que nos influencia do mais alto para amenizar nossos deslizes com expiações vantajosas.

As dúvidas eram inúmeras, Cristóvão esclareceu mais alguns questionamentos. As perguntas passaram a enfocar as questões morais e educativas. Com humildade, nosso palestrante cedeu espaço à coordenadora da atividade da noite, que responderia às dúvidas relacionadas a esses temas.

Uma jovem desencarnada indagou primeiro.

– Boa-noite, irmã Joana. Todos que estamos recebendo hoje a oportunidade de participar destes esclarecimentos encontramo-nos de alguma maneira vinculados à nobre tarefa da educação. Perante os oportunos esclarecimentos que pudemos receber, qual seria a melhor maneira de nos conduzirmos em casos semelhantes?

A nobre irmã que conduzia os esclarecimentos do momento nos orientou:

– É importante que, enquanto encarnados, em convivência direta com crianças nestas condições, tenhamos a consciência de que as atitudes que essas crianças realizam têm grande parcela de espontaneidade. Na medida em que sofrem a influência do automatismo fisiológico, encontram-se sob jugo difícil de enfrentar, diminuindo as suas responsabilidades, mas não as isentando.

Porém, este fator de imposição instintiva que atiça o comportamento das crianças premidas por tais circunstâncias não as exclui do empreendimento de esforço pessoal na busca pelo autocontrole. É preciso, portanto, de nossa parte, estimular a busca por esse equilíbrio íntimo. Demonstrar à criança que suas atitudes têm sempre consequências, fazer despertar nelas o sincero desejo de melhorar, explicando a necessidade dessa busca.

O autocontrole somente será possível se estiverem realmente imbuídos nesta conquista íntima. Todo automatismo nasce de uma adaptação que, por assimilação introspectiva, tornou-se inconsciente. Se o espírito destas crianças não encontrar forças para se mobilizar à mudança necessária, ela não acontecerá. Precisamos dirigir a principal atenção às causas e não exclusivamente aos efeitos, como estamos acostumados a fazer. Mas pensar nas causas originárias de tais distúrbios nos transfere para complexo assunto.

Todo distúrbio acontece devido a algum fator, que tem sua origem no próprio espírito, que sofre com o problema. Portanto, o espírito tem responsabilidade integral pelo que lhe causa incômodo e igualmente pela alteração deste quadro. Para compreendermos toda a teia de relações que remontam às mais antigas existências do ser na busca de solução, precisaria conhecer o passado totalizado de cada um dos envolvidos. Sabemos, porém, que não temos ainda capacidade de conhecer toda nossa história de quedas e desacertos. O passado não é por nós conhecido por necessidade pessoal. Podemos garantir que ao remexer nas profundezas de nosso psiquismo saberíamos lidar com o que encontraríamos?

Por estas questões, mesmo na atualidade, com o advento da terapia de vidas passadas, a humanidade ainda não encontra condições de imiscuir-se efetivamente no pretérito do ser. Estamos diante de um processo de restabelecimento que somente acontecerá em longo prazo, com muito esforço da parte do envolvido e também daqueles que desejam auxiliar, vestidos ou despidos da matéria.

Não desanimemos, entretanto necessitamos estar cientes de que a justiça divina permanece sempre presente em nossas vidas. Não sendo possível encontrar o devido restabelecimento destas crianças, tenhamos a certeza de que qualquer esforço neste sentido lançará sementes para germinarem no amanhã.

De tudo que podemos destacar, o principal é muita paciência e carinho, o estímulo pela busca necessária do equilíbrio explicando que as atitudes impensadas têm consequências nem sempre agradáveis.

Esperou alguns instantes e continuou concentrada.

– O desenvolvimento moral surge-nos como principal meta de apoio a todo e qualquer espírito em situação de desequilíbrio. Na medida em que o próprio espírito deu origem ao problema, é dirigindo a ele o esforço de conscientização e mudança para obter a docilização gradual do automatismo celular em descontrole.

O melhor estímulo moral que poderemos infundir à criança é nossa própria conduta, imprescindível o esforço por vivenciar o que conhecemos de mais elevado moralmente caso tenhamos o desejo de sinceramente ajudar.

Busquemos junto às religiões a útil ferramenta da prece sincera, o diálogo íntimo com o Criador. Se direcionada esta prece à criança, ou se realizada por ela mesma, propiciará energias renovadoras na luta constante contra suas próprias imperfeições. É a prece repositório de energias sublimes que nos refazem clareando pensamentos e tranquilizando nosso mundo íntimo.

Se os pais da criança com problemas forem simpatizantes ou adeptos da Doutrina Espírita, poderemos estimulá-los a frequentar o centro espírita, onde os amigos espirituais poderão atuar com melhores possibilidades. Através da intuição, os trabalhadores encarnados receberão a orientação do melhor proceder em cada situação, sem se esquecerem dos benefícios da fluidoterapia.

O passe surge-nos como excelente ferramenta capaz de desfazer laços que imobilizam o desenvolvimento saudável do espírito. Preso à doença, o espírito não encontra forças para vencer a si mesmo, mas se puder sentir, mesmo que por alguns curtos instantes, seu jugo mais leve, permitirá brotar em seu íntimo a esperança pela possibilidade de uma situação melhor e criará coragem para lutar por isso, esse é o principal benefício do passe.

É importante salientar ainda que, por lidarmos com crianças

com dificuldade de concentração, devemos procurar estimular atividades que lhes sejam agradáveis e lhes despertem o interesse, para que se sintam estimuladas à concentração espontânea. Creio serem estas as melhores opções de que dispomos para auxiliar essas crianças na atualidade.

A palestrante encaminhava sua preleção para finalizar a participação.

– Tanto os encarnados quanto os desencarnados têm possibilidade de ajudar aqueles que necessitam. Sozinhos não se obterão grandes resultados, mas se afinarmos nossas intenções, conseguiremos compartilhar ideais e concorrer para uma melhora mais profunda. A espiritualidade necessita dos encarnados para auxiliar outros encarnados, porque esses, quando envoltos em dificuldades e doenças, muitas vezes arvoram-se na atitude de revolta contra Deus e lacram as portas para nosso eficiente auxílio. É importante que nos esforcemos por auxiliar aqueles que se encontram no mesmo plano existencial que nós, esses são os que melhor alcançamos. O papel dos desencarnados é inspirar os que buscam servir envolvidos na matéria; ou seja, os encarnados, que devem se esforçar para conseguir captar essas inspirações através da renovação moral.

A explanação noturna estava concluída. Realizada a prece de encerramento, a maioria dos participantes retirou-se do ambiente. Pudemos colher amplo e valioso material para estudo e estávamos profundamente gratos pela oportunidade recebida.

●

Aguardamos a saída dos participantes para nos movimentarmos em seguida. Surpreendentemente, Cristóvão dirigira-se a nós.

– Como vai, bom amigo? – perguntou, dirigindo o olhar ao nosso orientador.

Os dois trocaram abraços e rápidos informes particulares, e Maximiliano dirigiu-se a nós nesses termos:

– Cristóvão e eu tivemos a oportunidade de aprender em conjunto, em atividades como as que vocês realizam atualmente – e dirigindo-se a Cristóvão, nos apresentou um a um.

Realizadas as rápidas apresentações, Japhet comentou, colocando-se como nosso porta-voz:

– Acompanhamos admirados vossos esclarecimentos.

– Obrigado pelas palavras elogiosas, mas sou ainda humilde aprendiz que busca se fazer centelha de luz diminuta para fornecer alguma claridade àqueles com quem estabeleço contato. É dever daquele que aprende retransmitir os ensinamentos adquiridos aos companheiros de viagem – destacou Cristóvão com simplicidade.

– Podemos lhe fazer algumas perguntas? – indaguei, sem conseguir segurar a curiosidade.

O palestrante da noite respondeu sorridente:

– Claro que sim; afinal, foi por este motivo que o orientador de vocês me pediu para que me aproximasse do grupo. Já fora informado de que o grupo era composto por integrantes bastante curiosos – sorriu e concluiu. – A curiosidade sadia, quando bem dosada, é sempre bem-vinda.

– Atentando para as vossas elucidações, fiquei particularmente curioso em saber se é possível que o encarnado que disponha de ectoplasma em grande quantidade possa equilibrar sua carga fluídica praticando a doação, por exemplo, com o passe no centro espírita – Brunner perguntou.

– Até onde temos podido e conseguido observar, e aliando o uso do raciocínio lógico, seu pensamento parece ser uma opção viável. Tem sido possível constatar essa possibilidade igualmente na situação inversa, junto a crianças que sofrem de autismo, em que a doação de ectoplasma objetiva socorrer o déficit funcional de produção do elemento vital. Parece-nos, particularmente falando, perfeitamente viável que aquele que possui em abundância doe para aquele outro que possui em escassez, ambos encontram o ponto de equilíbrio. Mas não nos iludamos com os resultados, essa possibilidade somente ocorre com a perseverança empreendida em longo prazo. O ectoplasma doado somente auxilia a retomada do equilíbrio, pois a parcela principal da transformação cabe ao próprio espírito encarnado realizar.

Sabemos também que a atividade de dar o passe no centro espírita não comporta crianças, pois tal atividade exige responsabilidade e comprometimento para ser bem desempenhada. Isso descartaria a possibilidade de crianças com DDA serem utilizadas como passistas. O passe, por outro lado, auxilia na dispersão de fluidos excedentes que podem ser mal utilizados, acarretando problemas. Sendo assim, o passe surtiria efeito positivo em qualquer uma das situações, já que somos sempre assessorados por espíritos que acompanham cada caso com conhecimento de causa. Mas somos todos enfáticos em afirmar que ainda precisamos avançar muito em tais conhecimentos.

Finalizado o assunto, perguntei:

– Estou curioso por saber em que área do conhecimento se especializou enquanto encarnado.

– Eu acreditava ser profundo conhecedor da área de bioquímica. Fui professor e pesquisador em uma universidade, não tive minha última passagem pelo corpo físico no Brasil.

– Achei particularmente interessante o modo como conduziu sua explanação. Despertei interesse em, quem sabe, vir a estudar nesta mesma área – acrescentei entusiasmado.

– Concordo que seja um campo bastante vasto e interessante, como quase todas as áreas de estudo, mas espero que não venha a cometer os mesmos erros que cometi. Imaginei-me conhecedor de grandes verdades, que foram destronadas pelo leve sopro renovador da morte.

Pensava, enquanto encarnado, ser possuidor de vasto e completo entendimento com relação à atividade específica em que atuava. Qual não foi o meu espanto quando vim a desencarnar e me deparar com as possibilidades de estudo que a espiritualidade nos proporciona.

Logo que desencarnei, vivenciei um processo corriqueiro de adaptação à nova condição. Depois de um tempo, tomei conhecimento da existência de núcleos de pesquisa das mais diferentes áreas. Orgulhoso, acreditando ser portador de grande bagagem de conhecimento, pleiteei vaga junto ao corpo docente destas instituições, como exercia enquanto encarnado. Fiquei profundamente frustrado ao receber a resposta negativa e sem prazo para ser reconsiderada. Nem mesmo como estudante oferecia credenciais para ingresso na instituição.

Recebi boas lições de humildade quando desencarnei, não estive no Umbral, mas vaguei algum tempo entre os encarnados, me defrontando com revelações que me incomodaram. Sem dedicação alguma à vida espiritualizada, não fui uma pessoa má, mas muito orgulhoso. Fui bom para aqueles que me tratavam como eu gostava de ser tratado. Neste período em que passei junto aos encarnados, vi ruir o falso pedestal em que me colocara em vida. Ouvindo aqui e ali, constatei que raríssimas eram aquelas pessoas que tinham algum apreço sincero por mim, a imensa maioria me tolerava somente pelo nome que havia construído. Esses acontecimentos me amolaram o orgulho, que veio a sofrer maior choque no contato com o auxílio espiritual que receberia mais tarde.

Aos poucos meu orgulho foi decrescendo, após algum tempo acabei por compreender a negativa que recebera do núcleo de pesquisa no qual quis ingressar anteriormente. Frequentei cursos de adaptação, onde pude aprender a ver a vida sob outro ângulo. Percebi que a lógica imperava em tudo, era um imenso quebra-cabeça, onde começava a encaixar as primeiras peças.

Vários anos depois meu pedido fora aceito. E desde então venho atuando nesta instituição. Essa é minha breve história – concluiu Cristóvão.

– Conseguiu compreender os motivos que o fizeram esperar por tanto tempo o ingresso nessa instituição? Foi o orgulho exclusivamente? – Jullien indagou.

– Você quer a fórmula pronta? – brincou Cristóvão. – O orgulho não me permitiu entender os motivos que existiam por traz da recusa. Mesmo que não fosse orgulhoso, não teria condições de ser aceito de imediato.

Recebemos na crosta terrena, enquanto encarnados, uma educação segmentária, que desconsidera a existência da espiritualidade. O que não nos permite compreender a vida de uma forma mais abrangente. Conheci a bioquímica do mundo físico, e mesmo assim havia muitas coisas que ficavam sem explicações plausíveis.

Ao chegar à espiritualidade, me deparei com um mundo composto por matéria distinta da que conhecia. Aprendi que existe uma imensa interação entre essas formas de matéria, que tem origem única. Tudo o que imaginava conhecer entrou em xeque. Muito pouco do que aprendera enquanto encarnado possuía aplicação direta na ciência espiritual, precisaria me adaptar.

Descobri que se não conhecesse as ideias filosóficas e religiosas que inspiram as pessoas, não conseguiria compreender a fundamental lei de causa e efeito, que se origina na intimidade do Ser.

Agarrados aos conhecimentos restritos da Terra, acabamos por nos impossibilitar de observar as coisas de uma forma mais coerente. Estudei muito, aprendi um pouco, e hoje me tornei assistente da instituição. É meu papel transmitir aos demais companheiros de ideal o pouco que tenho conseguido entender das situações que nos acometem no cotidiano.

Refletindo, resolvi comentar com relação à expectativa em que me via ultimamente envolvido.

– Estou apreensivo com relação à qualidade da recepção mediúnica dos esclarecimentos que pretendo transmitir aos encarnados, principalmente sua explanação mais técnica. Sei que não tenho profundos conhecimentos sobre o tema, e o médium tampouco.

– Sei da incumbência em que se encontram. Seu orientador já havia me relatado. Penso que não deva se preocupar em demasia. Tanto o espírito desencarnado quanto o médium encarnado têm suas limitações na relação mediúnica. A transmissão, por melhor que sejam as intenções, acabará sempre apresentando alguma forma de ruído. Assim como os espíritos superiores nos estimulam à busca por novos e constantes esclarecimentos que não nos são apresentados integralmente, nós, desencarnados, devemos proceder da mesma forma com nossos irmãos no plano físico. Nosso papel é erguer a ponta do véu que cobre a verdade, o restante do trabalho necessita de esforço pessoal para que seja assimilado.

Se possível, continue a estimular o médium com relação a leituras antecipadas sobre o assunto, isso facilita a coordenação das ideias que serão transmitidas. Em sono, no período do desprendimento do corpo, continuem a trabalhar em conjunto para facilitar a posterior assimilação mediúnica. E não se preocupe tanto, as falhas de comunicação são consequências de nossas limitações. Sempre haverá possibilidade de consertar aquilo que ficou obscuro em determinada época.

Prendamo-nos ao raciocínio lógico, como enfatizou Allan Kardec, esse é seu maior legado; aceitar somente o que a razão pode compreender. O que for possível de aceitar, excelente; o que não for, que deixemos momentaneamente à parte. Talvez possa ser consequência de falhas na transmissão ou falta de amadurecimento para compreender. Devemos refletir sobre o enunciado de Kardec: "Fé inabalável só é a que pode encarar de frente a razão, em todas as épocas da humanidade", e para isso ocorrer não poderá existir a intransigência intelectual – finalizou o palestrante da noite.

Despedimo-nos alegres pela oportunidade recebida. Colhemos grandes ensinamentos, muitos desses precisando de mais tempo para amadurecer em nosso entendimento.

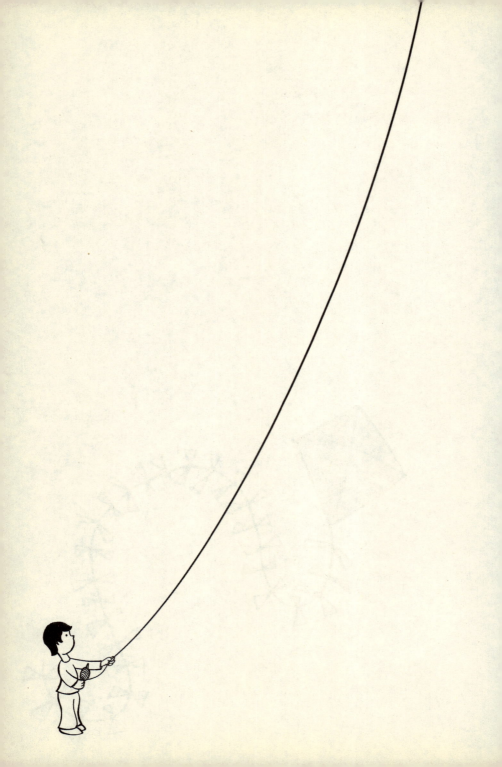

# 9 Acompanhando a orientação mediúnica

Fomos convidados a presenciar os trabalhos cotidianos de um grupo mediúnico, no mesmo centro espírita onde estivemos na noite anterior assistindo à explanação de Cristóvão. No horário aprazado, ainda à tardinha, lá estávamos dispostos a adquirir outros esclarecimentos. Estudamos muito na espiritualidade e, infelizmente, os encarnados não têm conseguido perceber o vasto laboratório de aprendizagem que tem a sua disposição nos centros espíritas. Muitas vezes é nestes centros espíritas, localizados na crosta terrestre, que vamos à busca de oportunas observações que nos enriqueçam o aprendizado.

Logo na entrada fomos saudados por alguns trabalhadores desencarnados que observavam a movimentação dos muitos espíritos que vagavam pelos arredores da instituição. Um companheiro negro, de porte físico avantajado, usando calça de linho e sem camisa, guardava sozinho o portão principal que dava acesso ao centro espírita. Admito que fiquei bastante impressionado com a figura deste espírito que cuidava do portão. Ele era imenso.

Constatando minha curiosidade, Maximiliano me abordou:
– Se tem dúvidas pertinentes vá conversar com ele, temos

algum tempo ainda para o início das atividades da noite.

Estimulado pelas palavras de nosso orientador, dirigi-me educadamente ao espírito que vigiava o acesso da instituição:

– Com licença?

– Sim, pois não?

– Desculpe se sou inoportuno, mas gostaria de pedir alguns esclarecimentos ao irmão caso exista essa disponibilidade.

– A mim? Em que eu posso esclarecê-lo? – Sorriu parecendo ter lembrado de algo e continuou. – Já sei do que se trata. Ficou curioso com relação à forma com que me apresento. Estou certo?

– Como sabia?

– Quase todos os visitantes desacostumados com nosso sistema de trabalho manifestam esta questão.

– Desculpe, eu nem me apresentei. Sou François, faço parte do grupo que está hoje aqui com fins de aprendizado.

– Estou informado. Tenho a responsabilidade de prezar pela ordem no interior destes portões, todos os que entram e saem desta instituição somente o fazem se autorizados. Meu nome é Abelardo, assim que me chamava quando em minha última passagem terrena. Com relação a sua dúvida, faço questão de me apresentar com essas feições, características que enverguei quando fui escravo em solo brasileiro, possuía corpo bastante avantajado, com esta aparência objetivo facilitar o trabalho que devo coordenar.

Como deve saber, não é todo mundo que simpatiza com núcleos assistenciais como esse. O que, por vezes, atrai inimizades gratuitas e agressivas. Fato é que minha aparência corpulenta impõe receio naqueles espíritos que de nós se aproximam com intenções inferiores. Esses espíritos agressivos são muito afeitos às sensações da matéria densa, e a aparência causa sobre eles grande influência. Dessa forma, aparentando força física evitamos muitos problemas antecipadamente.

– Faz sentido – respondi. – Há outros com feições adaptadas para o trabalho específico a realizar?

Sim – responde Abelardo –, nosso grupo executa pequenas excursões de estudo e resgate junto a necessitados de toda ordem. Espíritos mais evoluídos que atuam neste tipo de serviço dispensam nosso concurso para estes fins, mas os estudantes e espíritos ainda fortemente vinculados às influências que a matéria densa exerce tranquilizam-se bastante com nossa companhia.

Não pense que nossa forma retrate um comportamento agressivo, não é o corpo que faz a violência e sim a mentalidade de quem conduz esse corpo. Algumas pessoas imaginam que nossa aparência truculenta possa desestimular o pedido de auxílio por parte de alguns necessitados, esta forma de entender é característica daqueles que não conhecem a organização precisa dos trabalhos que os espíritos executam. Em situações em que haja essa possibilidade, nossa presença é discreta ou nem tomamos parte na atividade. Por outro lado, aqueles espíritos subjugados por agrupamentos trevosos sentem-se protegidos com a nossa presença, e isso os tranquiliza. Toda atividade é estudada e muito bem planejada. O irmão sabe que ao desencarnarmos existe a possibilidade, para aqueles que aprenderam, de adotar a aparência que melhor nos convém, conforme o gosto particular ou a atividade que venhamos a desempenhar.

Enquanto dialogávamos aproximou-se do portão uma pequena família encarnada. O menino, que aparentava ter cinco anos, tinha a companhia de dois espíritos desencarnados. Ultrapassaram o portão sem nos perceber e dirigiram-se todos para o local das atividades do agrupamento espírita.

Indaguei surpreso a Abelardo:

– Não deveríamos ter barrado o ingresso daqueles dois desencarnados?

– A estada destes irmãos entre nós tem motivo. Estes desencarnados ingressaram espontaneamente em nosso núcleo e receberão a oportunidade da orientação. Por estarem muito vinculados à matéria, não puderam nos perceber, caso contrário, se nos fizéssemos visíveis, provavelmente eles prefeririam permanecer do lado de fora.

– Serão então encaminhados aos trabalhos mediúnicos da noite – complementei.

Agradeci à possibilidade de conversação com Abelardo, que agora nem me causava mais tanto espanto por seu tamanho. Dirigi-me ao interior do recinto onde ocorreriam as principais atividades da noite e meus companheiros me aguardavam. Mesmo acostumado, ainda fico muito impressionado com as discrepâncias que existem entre as construções espirituais e físicas no mesmo ambiente. Como me disse uma vez uma amiga: "Onde se trabalha com seriedade e amor, cada ação bem intencionada no alívio e esclarecimento alheio simboliza o acréscimo de mais um tijolo na constante construção espiritual que todos ajudamos a realizar".

•

Encontrei Maximiliano e os outros em conversa com um senhor de aparência simpática.

– Este é François, que parou para conversar com Abelardo – falou nosso orientador me apresentando.

– Estou a par de suas atividades. Muito nobre intencionar transmitir esclarecimentos aos encarnados – disse o senhor. – Chamo-me Mário, sou o responsável por este núcleo de atividades.

– Obrigado pelas palavras de estímulo, mas minha tarefa está muito bem dividida com outros companheiros, para que nossas imperfeições individuais não venham a dificultar ainda mais a transmissão dos informes – acrescentei espontaneamente.

Sorriram com a expressão da compreensão que apontava para o conhecimento maior daquilo que me fugia à apreciação na condição atual.

– E então, matou sua curiosidade, François? – perguntou Max.

– Sim, creio que o diálogo com Abelardo foi bastante oportuno – respondi satisfeito.

Nosso acompanhante ingressou no assunto e esclareceu:

– Este espírito com quem teve a oportunidade de confabular, que à primeira apreciação nos parece sem muita instrução, foi um estudioso de grandes conhecimentos. Em função do orgulho que apresentou, candidatou-se ao aprendizado entre os cativos que seriam traficados ao Brasil colonial. Já se passaram mais algumas encarnações depois disto, mas Abelardo, embora tenha profundos conhecimentos em línguas e medicina, continua preferindo a vestimenta que lhe relembra a humildade.

– Creio ser verdade que estamos ainda muito acostumados com as convenções sociais que vigoram ainda entre os encarnados. Caso contrário, sequer estranharíamos essas afirmativas que nos coloca – afirmou Japhet.

– Deveremos lembrar que o espírito não tem cor e nem mais enverga o verniz da classe social a que pertenceu. Vivemos muitas e muitas vezes sobre a Terra, em cada uma dessas ocasiões tivemos experiências novas, aprendemos novos idiomas e conquistamos novas amizades. Supor que a aparência de alguém seja fundamental é demonstrar ainda o quanto somos ignorantes. Por acaso Jesus não veio ao mundo material entre animais em um estábulo, seus pais não eram pobres e seus apóstolos, simples pescadores? Onde estamos colocando as lições do Mestre para ainda nos permitirmos excluir irmãos em variadas ocasiões? – o diretor do centro espírita continuou. – Eu mesmo vivi na África e na Ásia, pertenci a diferentes povos e culturas, o que muito me enriqueceu. Infelizmente ainda observamos, mesmo no movimento espírita, companheiros que demonstram toda sua desinformação ao impedir o acesso de trabalhadores com a aparência de Abelardo em suas instituições espíritas, o preconceito ainda vigora de diferentes formas em todos nós. O que acontece é que os espíritos que preferem esta forma de apresentação acabam precisando mudar sua aparência para atuar em meio a esses companheiros encarnados menos esclarecidos.

•

Assentados em meio a um salão amplo, ouvíamos iniciar a preleção evangélica programada para aquela noite. Como era belo contemplar a estreita relação existente entre as esferas que compõem nosso mundo, encarnados e desencarnados em ampla comunhão fraterna com fins de aprendizado mútuo.

O pequeno recinto dos encarnados alargava-se para nós na espiritualidade, compondo aconchegante anfiteatro. Utilizando recursos limitados da linguagem humana para fazer a analogia esclarecedora, víamos acima de nós, como que um mezanino, lotado por algumas centenas de espíritos em condições de acompanharem a exposição. Junto aos encarnados, no meio deles, mas ao mesmo tempo em eficiente isolamento fluídico, encontravam-se os espíritos que apresentavam necessidades mais imediatas. Boa parcela desses espíritos desencarnados ingressava na instituição acompanhando encarnados ou procurando auxílio de forma espontânea depois de muitas dificuldades enfrentadas.

Espiritualmente, equipes abnegadas atuavam incessantemente buscando aliviar e confortar aqueles que mais sofriam. À proporção que os encarnados alteravam seus pensamentos para objetivos mais elevados, ao sentirem-se inspirados pelas exortações e emanações do ambiente, possibilitavam uma "desconexão" com os desencarnados que traziam como acompanhantes. Em alguns casos o vínculo entre encarnados e desencarnados é tão habitual que a interrupção repentina de tal situação provoca mal-estar em ambos os participantes, o que na maioria das vezes acaba por impedir um encaminhamento mais adequado da situação, sendo necessária a adoção de medidas paliativas em longo prazo.

Ante nossos olhos a paisagem multidimensional da espiritualidade tornava-se indescritível em linguajar humano, por falta de qualquer forma de analogia.

O palestrante da noite discursava harmoniosamente, em estreita relação com um espírito desencarnado que o assessorava amplamente. Ficava difícil designar quem era o executor da atividade esclarecedora. Dissertavam sobre a prece, sua importância, seu uso inadiável e seus benefícios, sobre a caridade praticada em atos e palavras, ou no simples gesto de escutar o próximo com carinho.

Enquanto centenas de espíritos desencarnados encontravam-se, como nós, envolvidos pelas exortações estimulantes, outros espíritos, que pouco ou nada conseguiam compreender devido ao desconhecimento ou incapacidade comunicativa, eram beneficiados pelas vibrações que nos chegavam e despertavam, em maior ou menor escala, dos sentimentos elevados pelos quais íamos pouco a pouco nos deixando envolver ao longo da palestra.

Atividades aparentemente simples como essas, quando executadas com assiduidade e empenho, desempenhadas por palestrantes inspirados e comprometidos com o estudo sério e regular da Doutrina Espírita, adquirem possibilidades inúmeras de repercussão na espiritualidade. Na noite em que presenciávamos os trabalhos comuns, pudemos averiguar a retransmissão das palavras por nós escutadas a diversos outros núcleos de amparo. Enfermarias repletas de espíritos necessitados e impossibilitados de remoção ou deslocamento recebiam por instrumentos de comunicação a palavra amiga que nos chegava presencialmente. Independendo de instituição, as vibrações de fraternidade cruzavam os ares depositando no âmago dos sofredores, espalhados pela crosta ou pela espiritualidade, sentimentos de renovação e esperança, despertando em cada um o desejo de seguir lutando por uma situação melhor.

Guardando profundo silêncio, admirando a comunhão suave e simétrica que existia entre encarnado e desencarnado na proferição do tema noturno, despertamos ao final da exposição de ânimo renovado e dispostos a realizar maior esforço na promoção do bem.

Conforme fomos alertados, acompanhamos atentos a situação do menino que pude observar desde o ingresso na instituição. Influenciado pela ação abrangente dos dois desencarnados que o acompanhavam, deixou-se agitar além do normal, provocando constrangimento nos pais e impedindo uma melhor atenção dos encarnados no assunto proposto em palestra.

Bem orientados, os pais do menino insistiam em sua frequência semanal junto ao núcleo espírita, pois sabiam que a inquietação era uma reação comum ao início do acompanhamento que a equipe espiritual do centro realizava. Muitos pais deixam de levar seus filhos com receio de que a perturbação causada pela agitação deles possa incomodar os demais espectadores. Aquele que compreende a maior sensibilidade da criança para a relação com a espiritualidade sabe que estes constrangimentos podem servir de motivo para afastá-la, os pais e mesmo outros frequentadores que se sentem incomodados do acompanhamento valioso.

Perdoem-me os espíritas ditadores do silêncio, a ordem e a disciplina sempre são saudáveis, mas jamais podem vir em detrimento da possibilidade de auxílio ao próximo. Se há dificuldade de concentração para melhor desempenho do palestrante, que o mesmo se prepare melhor, dedicando maior tempo ao seu estudo, ensaiando o assunto com o rádio ligado, simulando conversas paralelas. Por trás dos pequenos incômodos podem surgir grandes maquinações das sombras para dificultar o trabalho de assistência a quem mais necessita. De que valeria ser um núcleo espírita em perfeita harmonia se esta oportunidade não pudesse ser estendida aos que realmente necessitam? A caridade exige empenho para ser praticada sem falso moralismo. Não se permitem algazarras, a espiritualidade trabalha combinadamente com os encarnados neste sentido, os núcleos espíritas devem ser criativos, principalmente na relação com a criança. Onde existem as maiores dificuldades existem também as maiores possibilidades de aprendizado.

Finalizada a exposição, os trabalhadores encarnados se dirigiram às respectivas atividades de atendimento ao público. A espiritualidade incessantemente se desdobrava em auxílio aos muitos encarnados e principalmente desencarnados que se encontravam no ambiente. A rotina de um centro espírita é muito mais intensa do que se tem conseguido noticiar.

Acompanhando de perto a movimentação do caso em estudo, seguimos a criança até a sala de fluidoterapia, onde era ministrado o passe. A câmara que adentramos era muito bem isolada para impedir a ação de fluidos grosseiros. A explanação havia melhorado o nível dos pensamentos da maioria dos encarnados, o que os predispunha a maior absorção do magnetismo disponibilizado através do passe.

Passistas encarnados eram amplamente dirigidos intuitivamente por companheiros desencarnados que atuavam com maior precisão respeitando a particularidade de cada pessoa. A suavidade com que tal controle ocorria era admirável. Ficava evidente que não existe trabalho devotado ao bem sem auxílio espiritual, se os encarnados assim não percebem é por falta de sensibilidade para tal. A não admissão desta participação não entrava a ação efetiva dos espíritos, que atuam discretamente. A presunção de nos imaginarmos autossustentáveis igualmente em nada impede a relação com os espíritos, mas pode ser que neste caso os espíritos bem intencionados sejam mantidos afastados por atuação do nosso orgulho.

O menino sentado em frente ao encarnado doador de ectoplasma recebia incentivo energético, que, dirigido adequadamente pelo pensamento do espírito desencarnado, imprimia nova dinâmica ao cosmo celular. A substancial alteração dos padrões energéticos possibilitava a desvinculação dos espíritos desencarnados que acompanhavam o menino.

Neste instante os dois desencarnados se mantinham fora da sala ansiosos para irem embora. Não conseguiam compreender o que ocorria, porque perdiam campo de atuação. Lembremos que, por sua condição vibratória desacelerada, pouco percebiam da atmosfera de amplas atividades que os circundavam. Estavam sendo preparados a posterior encaminhamento às atividades mediúnicas do grupo para receber alguns esclarecimentos.

O menino Gabriel retornava ao seu lar junto dos pais, momentaneamente livre dos acompanhantes espirituais. A participação de espíritos desencarnados em nossas vidas é constante, familiares, amigos, relações que desconhecemos em estado de vigília e que representam afinidades do passado, seja qual for a condição, é certo que existirão sempre junto a nós companheiros invisíveis aos sentidos materiais. Dependerá de nós a companhia que atrairemos com nossos pensamentos e conduta.

A família de Gabriel poderá atrair outros desencarnados ociosos ao reincidir em desregramentos morais ou mesmo convidar os espíritos que já os acompanhavam a retornarem ao lar. O menino, com maior sensibilidade mediúnica, funcionará como antena retransmissora das informações recebidas. Ou poderão, melhorando o padrão dos pensamentos, atrair para junto da família espíritos dedicados à promoção da tranquilidade.

•

Passado algum tempo, todos os frequentadores do centro espírita haviam deixado o local, somente permanecendo a equipe de encarnados vinculada às atividades. Da espiritualidade, em número superior ao que normalmente se supõe, inúmeros desencarnados eram encaminhados às dependências onde ocorreriam as atividades de intercâmbio mediúnico.

Longe de parecer místico, o processo mediúnico requisitava ampla preparação, que algumas vezes levava semanas de elaboração para que houvesse a possibilidade de determinado comunicante se manifestar. O agrupamento encarnado se aprumava para dar prosseguimento em suas responsabilidades.

No silêncio meditativo que antecedia as atividades tinha continuidade, mais amplamente, em determinados médiuns, a vinculação fluídica para incremento da afinidade do instrumento mediúnico com o posterior comunicante. Muito ectoplasma fora requisitado para a eficácia do intercâmbio, mesmo entre os frequentadores que estiveram no ambiente, houve aqueles que doaram de bom grado, com anuência anterior.

Há coleta rotineira de material ectoplásmico junto aos encarnados, este processo pode ser comparado aos bancos de sangue terrenos, onde existem doadores rotineiros. Também por este motivo não falta o estímulo para que mantenham os trabalhadores espíritas, prioritariamente, uma atmosfera pessoal higienizada, livre dos vícios e dos desregramentos.

Sentavam-se os encarnados, num total de oito componentes, ao redor de ampla mesa de madeira. Colocando-se em inicial processo de concentração, lia-se *O Livro dos Espíritos*, algumas questões aleatórias. Logo após, abria-se *O Evangelho Segundo o Espiritismo* e lia-se igualmente uma de suas passagens. Ampliando a concentração, que se caracterizava por liberar a mente de qualquer pensamento pessoal, os médiuns se entregavam de maneira ostensiva à tarefa de intercâmbio com a espiritualidade. Em diversos graus de compenetração, alguns trabalhadores encarnados mais acessíveis e disponíveis do que outros. Dava-se por iniciado naquele momento a comunicação entre as dimensões.

Médiuns doadores supriam a carência de elementos de conexão fluídica para eficácia das manifestações pelo desprendimento de elementos semiorgânicos de sua constituição física. Equipes espirituais manipulavam o material ectoplásmico impregnando os agentes comunicantes. Esse procedimento reavivava sensações materiais nos espíritos em vias de comunicação, facilitando, assim, a interação com os médiuns encarnados.

Enfermeiros, em ampla movimentação mobilizavam da esfera espiritual os espíritos necessitados que devessem, em agrupamentos de características assemelhadas, se fazer representar por porta-voz no trabalho de orientação. Era muito grande o contingente de desencarnados que não conseguiam atentar para as reais circunstâncias que os envolviam naquele instante. Acostumados às sensações do corpo, despreparados para a transição, deixavam estacionar o pensamento em sensações que já não podiam mais ter, o que provocava nestes espíritos um alheamento do ambiente.

As duas primeiras manifestações que ocorreram subsequentemente davam conta de desencarnados necessitados em total desconhecimento do estado real em que se encontravam, se imaginando ainda pertencerem ao contingente dos ditos "vivos". Um total de aproximadamente vinte espíritos desencarnados apresentava-se diante de nós em situação semelhante. Apenas dois espíritos objetivaram a possibilidade de comunicação direta por via mediúnica, eram os que apresentavam melhores condições de sintonização com os médiuns. Os demais necessitados eram envolvidos em fluidos ectoplásmicos, para que, com seus sentidos mais bem organizados, atentassem para as orientações que teriam alcance comum.

Aguçamos a atenção ao percebermos que os dois desencarnados que acompanharam o menino Gabriel até o centro espírita adentraram o recinto. Chegaram conduzidos sem real percepção e entendimento do que ocorria. Concentrados em si mesmos, pouco ou quase nada viam do ambiente espiritual que os circundava.

Como que imantados, o par de desencarnados foi aproximado de dois médiuns, que, imbuídos na tarefa mediúnica, acusaram o contato quase que imediatamente. Dispostos a alguns centímetros do transmissor encarnado, encontravam-se interconectados a eles por tênues filamentos constituídos de ectoplasma. A manifestação ocorria sem que os envolvidos entendessem como o processo se dava.

O espírito do médium que recebera o primeiro manifestante encontrava-se semiliberto, acompanhando com pouca lucidez o desenrolar da comunicação, era amparado por entidade amiga invisível aos manifestantes. Já o outro médium que servia de interlocutor do desencarnado, dotado de uma faculdade mediúnica de maior grau de consciência, não se ausentara do corpo físico, transmitindo a comunicação em função da sensibilização em que se sentia envolvido.

Após alguns monólogos, os desencarnados que iniciavam a palestra ouviram a saudação prestimosa e acolhedora do encarnado que com eles dialogaria, buscando orientá-los:

– Boa-noite, irmãos. Sejam bem-vindos a esta humilde morada de Jesus.

Simbolicamente poderíamos dizer que uma coroa luminosa aureolava a fronte do doutrinador encarnado, encontrava-se este em perfeita integração com espírito desencarnado que o inspirava.

– Boa-noite...? Como? Está falando conosco? Escuta-nos? – iniciava confuso o primeiro manifestante.

– Escuto sim. Estejam à vontade para relatar o que os traz até aqui – convidou solícito o mediador.

– Eu sei lá. Eu e meu colega estávamos junto do menino... Sabe o menino que estava aqui ainda agora? Mas ele sumiu...

– Entendo – atalhou o encarnado.

– Fica quieto! – ordenava o segundo espírito comunicante ao seu companheiro. – Esse lugar é esquisito. Parece que tem gente nos cuidando. Falei para a gente não entrar aqui.

– Então vocês não sabem onde se encontram? – inquiriu o doutrinador.

– Não, e nem nos interessa saber – cortou rispidamente o segundo espírito. – Nós vamos embora – disse ainda nervosamente.

– É, não temos que ficar aqui dando explicação. Além do mais, nós estávamos nos divertindo apenas, não fizemos mal para ninguém. Só porque o menino percebe a nossa companhia, isso não nos torna culpados de nada, se não fossemos nós com ele, certamente seriam outros. Gostamos de pregar peças, só isso – justificava o primeiro desencarnado.

Um silêncio oportuno se fez sob ação direta dos espíritos que dirigiam as tarefas em andamento. Neste momento, tocando as fibras mais íntimas do orientador encarnado, o espírito que o inspirava se fez mais envolvente.

– Meus irmãos. Relatam-me que somente brincam, que não intencionam o mal a ninguém. Mas lhes pergunto: o que fazem de si mesmos? Para se fazer o mal basta, na maioria das vezes, que não estejamos a fazer o bem. A ociosidade é campo propício à influência dos vícios. Os atos que vocês têm levado o menino que acompanham a realizar podem não os prejudicar, mas quanto à criança, podem dizer o mesmo? E as dificuldades familiares e punições que sofre o menino? Dizem não praticar o mal, no entanto não reparam na extensão da influência prejudicial que impõem ao garoto?

Desejam e afirmam gostar de brincar. Que bom. A alegria é sempre bem-vinda, mas precisa ser canalizada por intenções nobres para galgar o status de felicidade. Não percebem que estão brincando com suas próprias existências, empregando tempo valioso em questões improdutivas. Estimulamos em vocês a alegria, mas aquela que venha em concurso daquele que chora sem esperanças. Mesmo para brincar é necessário conhecer as circunstâncias que nos envolvem. Neste apelo, endereçamos aos amigos o convite para que aproveitem a oportunidade que lhes está sendo ofertada, recebam estes esclarecimentos como incentivo sincero ao crescimento – silenciava o encarnado, sob forte inspiração.

– Falei para não virmos aqui – ainda retrucou o segundo manifestante já tomado de sonolência.

As falas silenciaram, enquanto a equipe de magnetizadores espirituais adormecia os desencarnados que haviam se comunicado. Com mais algumas palavras de incentivo, o doutrinador rogava a Jesus que os companheiros recém-orientados pudessem receber o devido esclarecimento, objetivando mudança de conduta.

Mais algumas manifestações mediúnicas se seguiram, incluindo as comunicações de orientação e estímulo dos trabalhadores desencarnados que compunham a equipe espiritual do centro espírita.

•

Finda as responsabilidades mais imediatas, ensejávamos nova entrevista com o espírito encarregado das amplas atividades desenvolvidas no centro espírita. Em função de inúmeras tarefas proeminentes, encontrava-se impossibilitado de nos brindar com sua companhia, porém deixara-nos sob os cuidados de tarefeiro experiente nas lides mediúnicas e responsável direto pela orientação de um dos médiuns encarnados.

– Boa-noite. É sempre um prazer conhecer trabalhadores empenhados em adquirir novos conhecimentos, para aplicá-los em benefício do próximo. Peço desculpas antecipadamente se me faltarem recursos para auxiliá-los em suas dúvidas. Chamo-me Alfredo e, como bem disse nosso diretor, sou responsável por orientar um dos nossos tarefeiros encarnados filiados a este núcleo de amparo espiritual.

– Boa-noite, Alfredo. Agradecemos o seu concurso e as suas palavras de estímulo que não nos fazemos credores – acrescentou Maximiliano.

Não conseguindo conter a curiosidade, Japhet inquiriu:

– Desculpe se me precipito com relação ao questionamento que faço, mas estou muito interessado em conhecer o destino que será dado aos espíritos que acompanharam o menino até aqui, no dia de hoje, e saíram adormecidos, sob amparo de equipe socorrista.

Alfredo pensou alguns instantes e iniciou:

– Os amigos, que puderam acompanhar todo o desenrolar das atividades que envolveram esses dois desencarnados, repararam, acredito, que ambos adentraram o centro espírita sem terem noção de onde se encontravam. Foi-lhes permitido o ingresso por entendermos que mereceriam receber esclarecimentos que pudessem despertá-los para a realidade em que se viam envolvidos. Este trabalho de orientação raramente surte efeito no primeiro contato, como foi o caso em questão.

Espíritos pouco acostumados à ordem apresentam enormes dificuldades em respeitar a disciplina, mesmo que seja para o seu próprio bem-estar. Existem espíritos que aqui chegam confusos e que apenas necessitam de um encaminhamento, mas a grande maioria não entende nosso alvitre, senão após diversos encontros.

Esses companheiros, como puderam perceber, encontram-se em momentos bem distintos. Enquanto o primeiro manifestante mostrou-se atento a nossas orientações, o segundo tentava influenciar o colega a não nos dar ouvido. Certamente que este segundo irmão incorrerá nos deslizes por mais algum tempo até que esteja maduro para aceitar auxílio. Já o espírito que nos escutou cultiva em si a semente da dúvida, meditando por mais algum tempo, certamente disponibilizar-se-á a concorrer para a própria mudança de rumo.

Ambos deixaram o ambiente adormecidos, como que anestesiados, isto é bastante comum. Caracteriza-se por procedimento pouco agressivo que impede maiores tumultos no deslocamento dos desencarnados; além do que, é consequência natural do esforço psíquico que o espírito articulou para efetuar a comunicação. Envolvidos nos fluidos ectoplásmicos, acentuam a sensação de cansaço por estarem mais suscetíveis às impressões que apresentavam quando encarnados. A maioria é levada às nossas enfermarias para posterior triagem, conforme a condição e necessidades de cada um.

– Essa instalação nas enfermarias não caracteriza uma imposição e consequente quebra da opção de escolha do espírito? – questionou Brunner.

– Creio que o irmão me entendeu mal – respondeu Alfredo. – Esses desencarnados, quando encaminhados às enfermarias, recebem todo auxílio e esclarecimento que considerarmos oportunos. São higienizados, alimentados e tratados de seus ferimentos, lembrando que tais condições dependem da mentalização que criaram de si mesmos. Boa parte desses albergados deseja evadir-se de nossas dependências e o fazem. Consideram que a disciplina e a organização que tanto os beneficiaram aqui se caracterizam por tolhimento da liberdade individual que podem desfrutar nas ruas. Mesmo assim, nosso tratamento dá frutos, muitos são os que espontaneamente retornam em busca de auxílio, há mesmo os que pedem para receber abrigo, dispostos a aceitar as orientações. Aos poucos, acostumados com nosso concurso sempre fraterno, acabam confiando em nossa orientação e, mais dóceis, apresentam-se motivados à renovação íntima.

– Acredita que os desencarnados que acompanhamos aceitarão a ajuda que ofereceram? – perguntei.

– Penso que seja pouco provável. O espírito que se apresentava mais rebelde não se encontra ainda em posição de rever suas atitudes e refletir sobre elas. Enquanto que o primeiro manifestante, que atentou para nossas palavras, mesmo que aceite nossa orientação, dificilmente estará amadurecido para manter uma conduta disciplinada em nosso meio. Creio, por experiências anteriores, que entenderá estar sendo por demais limitado em suas ações. Porém, com o tempo, estarão no futuro dispostos a efetuar a necessária mudança – concluiu o tema nosso anfitrião.

– Com relação aos processos de comunicação mediúnica

que observamos, não ocorreram da mesma forma, o que pode nos dizer quanto a este fato? – falou Jullien, abordando outro tema.

– Sabemos que vários fatores concorrem para que obtenhamos o intercâmbio mediúnico em condições de entendimento satisfatório. Cada espírito é único, tem suas características particulares, culminando que a faculdade mediúnica apresenta as mesmas possibilidades de variações infinitas. Assim como o comunicante possuirá atributos que lhe serão peculiares, o médium que servirá de canal de comunicação também estará sob a influência das possibilidades de que dispõe, que podem variar de um dia para o outro.

Se pensarmos com relação ao primeiro manifestante a que se fez alusão anteriormente, nos depararemos com uma manifestação que variava entre grau de inconsciência e semiconsciência por parte do médium. O comunicante encontrava-se situado a vinte centímetros aproximadamente do corpo do médium, enquanto o espírito semiliberto do médium estava em estado de semiconsciência ao lado do próprio corpo. Já com o segundo manifestante não observávamos a mesma ocorrência diante do fenômeno da psicofonia. O espírito do médium, neste caso, encontrava-se alojado junto ao corpo que lhe pertencia, enquanto o comunicante, sendo auxiliado pela equipe espiritual, conseguia obter sensibilização do córtex cerebral do encarnado. Enquadraríamos essa segunda manifestação entre as psicofonias intuitivas.

A classificação mediúnica é muito mais ampla do que imaginam, os mesmos envolvidos podem intercambiar informações por processos múltiplos em diversas situações. Kardec fora muito didático ao enumerar as diversas formas de intercâmbio mediúnico que vislumbrava, mas mesmo assim não devemos nos prender a tal classificação como um sistema exato, posto que tal não ocorra. Os médiuns recebem estímulos por diversas vias e somente através da educação mediúnica conseguem canalizar todas essas manifestações para que as compreendam, sempre com restrições, pela predominância de determinada característica mediúnica.

– Percebo que você fez questão de enfatizar o termo psicofonia ao invés de utilizar o jargão comumente empregado "incorporação", existe alguma razão para tal? – fez questão de ressaltar Maximiliano, com a nítida intenção de que nos atentássemos para a resposta.

– Sim, existe uma razão muito forte para que utilizemos o termo psicofonia ao invés de incorporação. Apesar de não adotarmos radicalismo com relação a este aspecto, buscamos sempre esclarecer quanto ao uso inadequado da palavra incorporação no meio espírita. Creio que todos vocês, acompanhando as atividades mediúnicas, puderam notar que em momento algum qualquer espírito desencarnado ingressou no corpo que pertencia ao médium. Esta situação é impossível de ocorrer devido às características únicas que compõe a vestimenta material, originadas a partir do automatismo funcional do espírito que as constrói para uso próprio.

Mesmo sabedores dessa impossibilidade, muitos trabalhadores encarnados dos centros espíritas fazem referência à incorporação como sendo o domínio de agente externo sobre o corpo que pertence ao encarnado, como se um espírito pudesse mergulhar em um corpo cujo dono é unicamente seu habitante. Infelizmente, apesar da boa vontade que reveste as atitudes e as palavras de muitos encarnados, existe uma grande defasagem com relação ao estudo necessário das obras de Allan Kardec, tão objetivas com relação ao tema.

A origem da palavra psicofonia é grega, podemos entendê-la como "som do espírito", enquanto que o verbo incorporar tem origem do latim, no sentido de dar forma corpórea a alguma coisa. Simplesmente pela definição etimológica das palavras já nos fica claro qual deve ser o termo adotado. A única circunstância que comporta o termo incorporação é quando do processo de gravidez, no qual um espírito atua circundado por agentes espirituais para dar forma corpórea a seu novo veículo físico.

– E com relação ao uso de peças de roupas por parte dos encarnados nas tarefas em que há o emprego do magnetismo? – perguntou Japhet.

– Não se pode auxiliar eficazmente aqueles que assim não desejam, e muito menos quem não se esforça para tanto. Ao utilizarem peças da vestimenta dos entes que amam, os encarnados somente substancializam o pensamento de auxílio que desejam endereçar ao ente querido. Aquele que estuda compreende que a peça material em nada influi no auxílio, em nenhuma circunstância, apenas serve como ferramenta de mentalização da pessoa a quem se quer oferecer auxílio. Quando estivermos convictos na fé que abraçamos, entenderemos que somente o pensamento nos basta, e tais práticas ficarão ultrapassadas, mas por enquanto há equívocos maiores nos preocupando – finalizou Alfredo.

– E quais seriam essas preocupações maiores? – inquiri curioso.

– Pertencemos todos a uma sociedade excessivamente acostumada ao comodismo religioso. Tendemos sempre a reformular conceitos elevados transmutando-os ao nosso bel-prazer, fugindo das responsabilidades que nos cabem na busca de nossa própria evolução. A falta de entendimento com relação à obra de Jesus, revitalizada por Kardec, tem nos dificultado muito no progresso evolutivo. Estamos ainda muito distantes de compreender o valor educativo do Espiritismo, ao aceitá-lo prioritariamente como religião, como viemos fazendo até então, recaímos nos velhos erros comodistas. Nossos centros espíritas não apresentam as características de escolas de livres pensadores como preconizou Allan Kardec, assemelham-se muito mais a novas igrejas, que migram pouco a pouco para os padrões que nos nortearam a orientação religiosa do passado.

Não precisamos fazer uso de nosso limitado ponto de vista para enunciar tais assertivas, basta que recorramos às obras da codificação – silenciando alguns instantes, Alfredo nos surpreendeu com excelentes conhecimentos do conteúdo da obra de Kardec. Seguiu ele: – *"O princípio do aperfeiçoamento está na natureza das crenças, porque as crenças são o móvel das ações e modificam os sentimentos; está também nas ideias inculcadas desde a infância e identificadas com o Espírito, e nas ideias que o desenvolvimento ulterior da inteligência e da razão podem fortificar, e não destruir. Será pela educação, mais ainda do que pela instrução, que se transformará a humanidade.*

*O homem que trabalha seriamente pelo seu próprio aperfeiçoamento assegura a sua felicidade desde esta vida; além da satisfação de sua consciência, isenta-se das misérias, materiais e morais, que são a consequência inevitável de suas imperfeições. Terá a calma porque as vicissitudes não farão senão de leve roçá-lo; terá saúde porque não usará o seu corpo para os excessos; será rico, porque se é sempre rico quando se sabe contentar-se com o necessário; terá a paz da alma, porque não terá necessidades fictícias, não será mais atormentado pela sede das honras e do supérfluo, pela febre da ambição, da inveja e do ciúme; indulgente para com as imperfeições de outrem, delas sofrerá menos; excitarão a sua piedade e não a sua cólera; evitando tudo o que pode prejudicar o seu próximo, em palavras e em ações, procurando, ao contrário, tudo o que pode ser útil e agradável aos outros, ninguém sofrerá com o seu contato".*

*"O progresso geral é resultante de todos os progresso individuais; mas o progresso individual não consiste somente no desenvolvimento da inteligência, na aquisição de alguns conhecimentos; isso não é senão uma parte do progresso, e que não conduz necessariamente ao bem, uma vez que se veem homens fazerem muito mau uso de seu saber; consiste, sobretudo, no aperfeiçoamento moral, na depuração do Espírito, na extirpação dos maus germes que existem em nós".*

"Mas o que fazem o aperfeiçoamento e a felicidade das gerações futuras, para aquele que crê que tudo acaba com a vida? Que interesse tem em se aperfeiçoar, em se constranger, em domar as suas paixões, de privar-se pelos outros? Não tem nenhum, a própria lógica lhe diz que seu interesse está em gozar depressa e por todos os meios possíveis, uma vez que, amanhã talvez, não será mais nada.

A doutrina do niilismo é a paralisia do progresso humano, porque circunscreve a visão do homem sobre o imperceptível ponto da existência presente; porque restringe as ideias e as concentra forçosamente sobre a vida material; com essa doutrina, o homem, não sendo nada antes, nada depois, todas as relações sociais cessam com a vida, a solidariedade é uma palavra vã, a fraternidade uma teoria sem raízes, a abnegação em proveito de outrem um logro, o egoísmo com a sua máxima: cada um por si, um direito natural, a vingança um ato de razão; a felicidade está para o mais forte e os mais espertos; o suicídio, o fim lógico daqueles que, ao cabo de recursos e expedientes, não espera mais nada, e não pode se tirar do lodaçal. Uma sociedade fundada sobre o niilismo levaria em si o germe da próxima dissolução.

Outros, porém, são os sentimentos daquele que tem fé no futuro; que sabe que nada do que adquire em saber e moralidade está perdido para ele; que o trabalho de hoje trará frutos amanhã; que ele mesmo fará parte dessas gerações futuras mais avançadas e mais felizes. Sabe que trabalhando para os outros, trabalhará para si mesmo. Sua visão não se detém na Terra: ela abarca o infinito dos mundos que serão um dia sua morada; entrevê o lugar glorioso que será seu quinhão, como o de todos os seres chegados à perfeição."

"Para que a doutrina da vida futura leve, doravante, os frutos que dela se deve esperar, é preciso, antes de tudo, que ela satisfaça completamente a razão; que responda à ideia que se tem da sabedoria, da justiça e da bondade de Deus; que não possa receber nenhum desmentido da ciência; é preciso que a vida futura não deixe no Espírito nem dúvida, nem incerteza; que seja *tão positiva quanto a vida presente, da qual é a continuação da véspera; é necessário que a vejam, que a compreendam, que a toquem, por assim dizer, com o dedo; é preciso, enfim, que a solidariedade do passado, do presente e do futuro, através das diferentes existências, seja evidente."*

Silenciando por alguns instantes, Alfredo retomou a palavra, comentando:

– Assim como acontecera com Jesus, é evidente o caráter de educador de Allan Kardec. Sua grande preocupação era o entendimento da realidade que nos cerca. O amparo da razão, da ciência, a educação dos indivíduos, o acesso aberto à doutrina que organizava. Em todos os seus escritos transparece a preocupação de que os ensinamentos aprendidos não poderiam deixar de ser motivadores da transformação íntima de cada um. Que tais enunciados deveriam concorrer para a construção de uma sociedade melhor, estimulando sempre a educação, os valores íntimos, antes da instrução decorada e vazia que observamos, várias vezes, difundida no movimento espírita atual. Professar a fé sem compreender não basta, caracteriza-se mesmo como uma agressão aos princípios do Espiritismo, e somente compreendemos aquilo que nos é oportunizado participar ativamente. Não será sentado em bancos que mudaremos.

Podemos citar ainda: *"Na antiguidade, era objeto de estudos misteriosos, que cuidadosamente se ocultavam do vulgo. Hoje, para ninguém tem segredos. Fala uma linguagem clara, sem ambiguidades. Nada há nele de místico, nada de alegorias suscetíveis de falsas interpretações. Quer ser por todos compreendido, porque chegados são os tempos de fazer-se que os homens conheçam a verdade. Longe de se opor à difusão da luz, deseja-a para todo mundo. Não reclama crença cega; quer que o homem saiba por que crê. Apoiando-se na razão, será sempre mais forte do que os que se apoiam no nada."*

Pede Allan Kardec para não ser idolatrado quando afirma:

"*O Espiritismo não é obra de um homem.*" Afirma ainda com relação à renovação que tanto apregoa: "*Fora demais presumir da natureza humana supor que ela possa transformar-se de súbito, por efeito das ideias espíritas. A ação que estas exercem não é certamente idêntica, nem do mesmo grau em todos os que as professam. Mas, o resultado dessa ação, qualquer que seja, ainda que extremamente fraco, representa sempre uma melhora. Será, quando menos, o de dar a prova da existência de um mundo extracorpóreo, o que implica a negação das doutrinas materialistas*".

Demonstrando sua compreensão quanto a nossa dificuldade de entendimento, afirma: "*Se é certo que, entre os adeptos do Espiritismo, se contam os que divergem de opinião sobre alguns pontos da teoria, menos certo não é que todos estão em acordo quanto aos pontos fundamentais. Pode, pois, haver escolas que procurem esclarecer-se acerca das partes ainda controvertidas da ciência; não deve haver seitas rivais umas das outras. Antagonismo só poderia existir entre os que querem o bem e os que quisessem praticar ou praticassem o mal. Ora, não há espírita sincero e compenetrado das grandes máximas morais ensinadas pelos Espíritos que possa querer o mal, nem desejar o mal ao seu próximo, sem distinção de opiniões. Se errônea for alguma destas, cedo ou tarde a luz para ela brilhará, se a buscar de boa-fé e sem prevenções. Nenhuma deve impor-se por meio do constrangimento material ou moral e em caminho falso estaria unicamente aquela que lançasse anátema sobre a outra, porque então procederia evidentemente sob a influência de maus Espíritos.*

*O argumento supremo deve ser a razão. A moderação garantirá melhor a vitória da verdade do que as diatribes envenenadas pela inveja e pelo ciúme. Os bons Espíritos só pregam a união e o amor ao próximo, e nunca um pensamento malévolo ou contrário à caridade pode porvir de fonte pura.*" Atentemos para sua preocupação quanto ao nosso proceder com relação à herança que nos legaria com seu trabalho.

Podemos concluir ainda com as mesmas palavras que Allan Kardec utilizou para dar fechamento a *O Livro dos Espíritos*. Ouçamos sobre este assunto e, para terminar, os conselhos do Espírito de Santo Agostinho:

*"Por bem largo tempo, os homens se têm estraçalhado e anatematizado mutuamente em nome de um Deus de paz e misericórdia, ofendendo-o com semelhante sacrilégio. O Espiritismo é laço que um dia os unirá, porque lhes mostrará onde está a verdade, onde o erro. Durante muito tempo, porém, ainda haverá escribas e fariseus que o negarão, como negaram ao Cristo. Quereis saber sob a influência de que Espíritos estão as diversas seitas que entre si se fizeram partilha do mundo? Julgai-o pelas suas obras e pelos seus princípios. Jamais os bons Espíritos foram os instigadores do mal; jamais aconselharam ou legitimaram o assassínio e a violência; jamais estimularam os ódios dos partidos, nem a sede das riquezas e das honras, nem a avidez dos bens da Terra. Os que são bons, humanitários e benevolentes para com todos, esses os seus prediletos e prediletos de Jesus, porque seguem a estrada que este lhes indicou para chegarem até ele."*

Alfredo concluirá sua explanação com relação ao Espiritismo. Suas afirmativas davam conta de nosso necessário despertar para a tarefa que cabe a cada um de nós. A lembrança dos aspectos que nos transmitiu demonstrava claramente as principais preocupações que invadiam os pensamentos de Kardec com relação ao entendimento que teríamos da Doutrina Espírita. Felizmente deixou-nos Allan Kardec, explicitamente, a forma pela qual devemos proceder com relação às transformações que os séculos imporiam ao Espiritismo.

Nosso tempo se encerrara. Precisávamos retornar cada um para seus afazeres. Ainda nos reuniríamos para apontamentos e referências últimas com relação aos esclarecimentos que obtivemos nesses últimos dias de excursão.

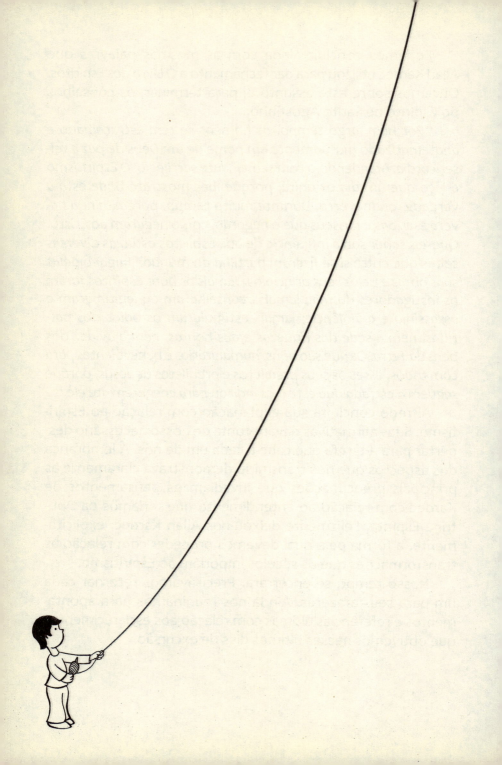

# 10 Em visita à enfermaria

Nossa excursão em conjunto fora concluída. Em alguns dias nos reuniríamos para fazer os últimos apontamentos com relação aos estudos. Nesse encontro definiríamos igualmente qual deveria ser a forma de atuação de cada um dos envolvidos para a popularização de tais esclarecimentos entre os encarnados.

Antes que tal dia chegasse, fora eu convidado a visitar uma instituição socorrista situada nas proximidades da crosta terrestre. Estimulado por alguns orientadores, aceitei curioso o convite.

Segui sozinho para esse núcleo, que me parecia com uma colônia hospital de média proporção, constituída por construções em muito parecidas com os complexos hospitalares que conhecemos na superfície do planeta. Erguida em meio à atmosfera nevoenta, apresentaria enormes dificuldades de respirar se ainda me imaginasse encarnado. Havia iluminação artificial, não me detive na apreciação desta circunstância, mas me pareceu que grandes holofotes iluminavam aqui e ali devido à luminosidade que produziam.

Não fazia ideia do que me aguardava nesta visitação. Adentrei a recepção, um amplo salão ovalado mobiliado com um balcão circular. Aproximei-me na busca de informações sobre a pessoa que deveria me guiar no passeio.

Em poucos instantes uma gentil senhora de cabelos nevados me atendia prestimosa:

– Olá. Você deve ser François! Encantada por recebê-lo em nosso amado núcleo de atividades. Chamo-me Giovanna, estou informada de que devo orientá-lo na visita que fará ao nosso setor infantil, mais especificamente a "maternidade".

– "Maternidade"? – deixei fugir, não contendo o espanto por tal expressão. Sinceramente não imaginava ser este o móvel de minha ida àquele local. Muito curioso continuei:

– Desculpe, nem cheguei a me apresentar.

Atalhando minhas palavras, Giovanna sorridente acrescentou:

– Estou a par das informações que me são suficientes. Julgando por sua expressão de surpresa, creio que desconhecia o conteúdo de sua visita a essa instituição. Estou certa?

– Sim, realmente não esperava. Não imaginava que viria eu a um hospital para visitar uma "maternidade". Poderia me fornecer alguns esclarecimentos?

– Acredito que são oportunos alguns esclarecimentos antes de iniciarmos nossas observações. Como o irmão deve saber, estamos em um ambiente muito delicado, onde nossos pensamentos afetam em demasia os internados. A maioria dos nossos alojados, na seção que visitaremos, deve permanecer em condição de isolamento dos demais internos. Este procedimento se faz necessário na tentativa de minimizar as influências negativas que o desequilíbrio mental deles pode provocar no contato direto com outros internos. Salientamos que é imprescindível um rigoroso controle dos pensamentos da parte daqueles que adentram em tais seções.

– Compreendo – respondi sucinto.

– Com relação à nomenclatura "maternidade", utilizamos este termo para designar o setor onde alojamos os espíritos que não obtiveram êxito no processo de gestação e que visam à nova possibilidade reencarnatória. Grande parte deles, vítimas de aborto.

– Aborto? – refletindo por alguns instantes, prossegui – Imaginava que iríamos nos deparar com casos relacionados a intercâmbio espiritual com participação de crianças.

– E a gestação não se caracteriza por amplo processo mediúnico? É na câmara ectoplásmica, em que o útero materno se constitui, que o espírito reencarnante recapitula a filogênese da espécie para dar forma ao seu novo veículo de manifestação no mundo corporal. É ainda durante o processo de gestação que ocorre o mais afinado intercâmbio de impressões mediúnicas, caracterizado por ampla relação de troca entre mãe e filho.

– É verdade. Não havia pensado dessa forma – respondi, aproveitando pequena pausa que ocorrera na conversação.

– Acho que já podemos iniciar nossa visita. Com relação aos demais procedimentos, sei de antemão que o irmão já os conhece.

Dirigimo-nos à pequena sala onde receberíamos rápido concurso para desinfecção de fluidos nocivos que poderiam incomodar os tutelados da enfermaria. Esse processo é bastante comum na espiritualidade quando do contato com companheiros em desequilíbrio, constitui-se medida preventiva similar à que ocorre na Terra com os procedimentos para evitar-se a infecção hospitalar. Espíritos de mais alta condição espiritual não necessitam desse procedimento, por estarem aptos à manutenção do equilíbrio íntimo em mais larga escala.

●

Seguindo os passos de Giovanna, passamos por corredor hospitalar em tudo similar aos que avistamos na crosta. Grandes divisórias transparentes delimitavam o espaço dos pacientes, de maneira que pudéssemos observá-los sem a necessidade de penetrar nas pequenas peças. Minha guia esclareceu que estávamos em local semelhante às CTIs, comuns nos hospitais terrenos. Tutelavam-se ali espíritos que guardavam a forma de bebês prematuros e que não obtiveram sucesso no processo reencarnatório.

Giovanna, silenciosamente, me conduziu à pequena peça, onde encontramos alguns fetos, cada um deles interrompido em diferente etapa do processo de formação do corpo físico. Consegui compreender que o tratamento que recebiam era individualizado, respeitando as necessidades e possibilidades de cada espírito. Enquanto alguns permaneciam acomodados em pequenas estufas, outros ficavam em câmaras preenchidas com líquido que fazia lembrar o ambiente uterino.

Encontrava-me pasmo. Com muito custo resistia às diversas indagações que fervilhavam em minha mente diante do que observava. A gentil senhora que me acompanhava informou que estávamos acompanhando espíritos em situações extremamente delicadas. Espíritos esses que traziam enorme bagagem de erros que os impossibilitavam de alcançar uma condição de equilíbrio ideal para uma gravidez tranquila por parte da genitora que os abrigasse. Por esse motivo, tornava-se grande a probabilidade do aborto, proposital ou espontâneo. Essa dificuldade maior durante a gravidez em nada poderia servir de argumento para a realização do aborto. Existiam fortes motivações para estabelecimento do vínculo material entre pais e filhos, relações que por vezes remontavam a passado já distante.

Pude perceber que havia pequeninos bebês com machucados ou mesmo mutilações, as quais soube terem ocorrido durante o procedimento abortivo. Averiguar esse quadro era muito triste. Se pais e mães pudessem entender que aquilo que fazem durante uma vida de relação traz sempre repercussões coerentes com o teor de suas atitudes, talvez assim não agissem. Sabia que tudo aquilo era consequência dos próprios erros que esses mesmos espíritos, que agora aparentavam ser bebês, haviam cometido no passado, mas era difícil conter a tristeza que brotava ao presenciar tais cenas.

O que seria desses pais e mães que se fechavam ao apelo silencioso que a vida lhes fazia por meio da hipersensibilidade, que a gravidez provoca pelas modificações hormonais especialmente na mulher? Algumas vezes, por vaidade, deixavam de ouvir o clamor da vida pedindo para ser preservada. Por motivos vários acabavam por decidir pelo infanticídio. Outras vezes, apoiadas nas justificativas materialistas de que a vida só começa após o parto, como se não necessitássemos ser também embriões para nascer, se deixavam, por conveniência, aceitar a opção abortiva.

Em que condições desembarcariam esses mesmos pais na espiritualidade ao constatarem sob a guante do remorso o grave erro que cometeram? Namorados que pressionavam suas companheiras a abortar por motivos financeiros, ou ainda, preocupados em manter certa posição social. Pensamentos tristes desfilavam por minha mente.

Ao rápido olhar de Giovanna me refiz, compreendendo que deveria manter o equilíbrio para não agravar a situação dos espíritos necessitados que ali se encontrassem.

Fora difícil conter as lágrimas que teimavam em brotar, principalmente quando, ao observar mais detalhadamente a situação de um dos fetos, pude constatar que ele apelava por sua vida preso ao quadro do momento em que fora abortado. Repetia mentalmente: "Por favor, não faça isso, mamãe. Deixe-me viver...". Sem ter reação positiva por parte da genitora.

Depois de nos retirarmos do ambiente em que nos encontrávamos após mais algumas observações, pude travar conversação esclarecedora com a prestimosa enfermeira:

– O que foi tudo aquilo? – indaguei um pouco confuso pela emoção excessiva para minha sensibilidade ainda deseducada.

– Essa é a constatação chocante da falta de valores morais do mundo em que vivemos. A ética tem sido presa fácil dos interesses egoístas e mesquinhos que avassalam a sociedade humana.

– O que acontecerá a esses espíritos?

– Eles, por diferentes circunstâncias, não obtiveram êxito em seu processo reencarnatório. Respeitando programação superior, aguardarão por nova oportunidade.

– Farão nova tentativa com a mesma...

– Depende das disponibilidades dos envolvidos – atalhou Giovanna. – Alguns tentarão nova aproximação com este mesmo espírito que falhou na tentativa da maternidade. Outros poderão adiar, conforme suas possibilidades, o novo processo reencarnatório em busca de maiores recursos auxiliares. Há casos em que os reencarnantes somente necessitam de um "mergulho no útero", com fins de reestruturar o perispírito lesado. Como acontece muito entre os suicidas, que dificilmente alcançam êxito na tentativa de voltar à matéria na primeira ocasião subsequente ao ato que praticaram contra si mesmos – concluiu Giovanna.

– Compreendo que não há regras predeterminadas e que existam, sim, consequências que teremos de enfrentar em função dos atos praticados. Entendo o que afirma ao me estimular a entender que cada caso tem suas particularidades. Mas objetivando facilitar o entendimento, gostaria que comentasse algo a respeito dos abrigados nesta ala que visitamos – solicitei.

– Todos neste local estão adormecidos, induzidos magneticamente, para facilitar o auxílio que tentamos efetivar. Pôde presenciar, pela mensagem psíquica que constatou junto aos bebês, que a impressão do ato abortivo encontra-se muito viva. Visando auxiliá-los, preferimos mantê-los, conforme o caso, com menor consciência do ocorrido.

– Esses bebês mantêm consciência do ocorrido mesmo não tendo renascido na matéria densa? – perguntei curioso e confuso.

– O psiquismo do espírito está plenamente funcional em qualquer situação. O que ocorre é que por vezes nosso instrumento de manifestação cerebral não dispõe de possibilidades para expressar tais impressões coerentemente. O espírito, na fase evolutiva em que nos encontramos, está acostumado a utilizar seu veículo de manifestação para manter comunicação consciente. Mesmo sabendo que é possível a comunicação sem o uso da palavra, é bastante comum encontrarmos espíritos que não usam a comunicação mentalizada em função das barreiras que inconscientemente impõe a este processo. No futuro, essa consciência estará mais independente do maquinário que vestimos para nos manifestar, seja o corpo orgânico ou o perispírito. Poderíamos induzir, num processo semelhante à hipnose, o espírito desses bebês a retomar a forma estrutural que adotavam antes do início do processo reencarnatório. Mas visando evitar desdobramentos para a situação traumática vivida com o aborto, conforme a possibilidade de cada espírito, prefere-se mantê-los em "sono induzido" até a próxima tentativa de reencarne, que deverá ocorrer em pouco tempo.

– Ouvi comentarem durante estudos que existem casos em que o desenvolvimento do feto tem seu seguimento normal na espiritualidade – acrescentei, desejoso de ouvir apreciações sobre o tema.

– É importante que tenhamos consciência de que todos esses recursos são somente necessários a espíritos ainda pouco capacitados para a manutenção do próprio equilíbrio. Faz-se o possível para minimizar o sofrimento alheio, mas se sofrem é pela falta de educação íntima em consequência dos próprios atos. Todos esses maquinários têm efeito sobre a percepção destes espíritos, espíritos mais evoluídos não necessitam de tais expedientes.

É em função dessas necessidades diferenciadas que espíritos muito imperfeitos, como nós, precisamos de recursos "ilusórios" para manutenção do equilíbrio íntimo.

Eu mesma tive a oportunidade de participar de procedimento no qual o espírito abortado foi recambiado para útero artificial e induzido a continuar o desenvolvimento de sua vestimenta perispiritual. Tratava-se de companheiro suicida que, por aquisição de merecimentos, permaneceria mais algum tempo na erraticidade antes de nova tentativa de reencarne. O processo desenvolvido na câmara que simulava o útero serviu para induzir a correção de algumas deformidades espirituais impressas no perispírito, as quais não puderam ser corrigidas em função da rápida passagem pelo útero materno. Facilitamos para que este espírito em nova oportunidade reencarnatória possa gozar de maiores possibilidades na estruturação de um corpo sadio.

– E o que pode me dizer com relação aos fetos lesados durante o aborto? – perguntei para finalizar meus questionamentos mais imediatos.

– Trazem marcados em seu perispírito o choque da impossibilidade de voltarem ao mundo corporal. Tais lesões perispirituais são muito difíceis de serem tratadas na espiritualidade. O melhor remédio para tais casos é o novo mergulho no útero materno, que por indução magnética proverá, se possível, a orientação celular para a formação de um corpo saudável por parte desses espíritos. Casos há em que essa impossibilidade ocorre devido a relações de culpa com a própria consciência que exige retratação, e acaba o espírito por deixar de concorrer eficazmente para a solução do problema que o aflige.

●

Saindo da ala destinada aos espíritos em condições de extrema delicadeza no trato, seguimos por largo corredor, onde pude perceber a existência de diversas dependências, pequenos quartos. Minha acompanhante logo esclareceu:

– Estamos na parte do hospital destinada àqueles espíritos que desencarnaram devido a abortos, mas que já dispõem de melhores condições de equilíbrio. Terá a oportunidade de verificar o porquê de ter lhe dito que na gestação ocorre o fenômeno mediúnico em amplitude. Apresentar-lhe-ei uma companheira alojada em nossas dependências que fora abortada quando contava com dois meses de desenvolvimento uterino. Após rápido processo de apropriação da antiga forma com que se apresentava antes do início do processo reencarnatório, vem se recuperando para daqui doze meses tentar nova aproximação com vistas à reencarnação.

– Ela já sabe a data da nova tentativa reencarnatória? – perguntei querendo evitar qualquer comentário desnecessário em companhia da albergada.

– Não, ainda não está a par desta informação, não se encontra em condições de receber maiores esclarecimentos – respondeu objetivamente Giovanna.

– Existe algum motivo para a fixação da data para a nova tentativa por parte da companheira? – indaguei curioso.

– Sim. Sempre há. No caso específico desta irmã, estaremos trabalhando com ela e com a futura genitora no sentido de fortalecer o vínculo afetivo entre ambas para que se processe eficientemente a reencarnação. Além disso, a futura mamãe enfraqueceu muito seu organismo físico com o procedimento abortivo. Se não fosse por nossa intervenção espiritual, certamente ficaria estéril, impossibilitando a necessária aproximação com essa irmã que deverá receber como filha.

– A situação é sempre assim, mais complexa do que poderíamos imaginar?

– Mais que isso, François. Em nossa compreensão atual não conseguimos entrever nem a metade da situação que nos envolve em cada etapa da vida – falou prestimosa a amiga.

– Pelo que pude deduzir, existe a necessidade de aproximação entre esses espíritos que agora devem ser mãe e filha, estou certo?

– Em parte está certo. Na verdade, são três os espíritos que se encontram diretamente envolvidos nesta trama. O futuro pai, tanto quanto a mãe, tem necessidade dessa aproximação.

Creio que ficará tudo mais claro após conhecer melhor o caso. Poderá compreender a grande troca de impressões que existe durante a gravidez. – Giovanna encerrou a conversação, pois havíamos chegado ao nosso destino.

Estávamos diante da porta de pequeno quarto. Minha acompanhante bateu de leve. Após a permissão, adentramos o local que hospedava momentaneamente a companheira debilitada.

O quarto tinha paredes brancas, com uma janela que permitia observar belo jardim, era mobiliado com uma cama e uma pequena cômoda, bem ao estilo dos hospitais mais simples da crosta.

– Olá, como vai, Mariana? Perguntou gentilmente a enfermeira.

Como não obtivera resposta continuou:

– Trouxe um amigo para visitá-la. Ele vai conversar um pouco com você. Pode ser? – Giovanna observava as reações da interna, que permanecia sentada sobre o leito.

Olhando-me, a enfermeira fez significativa expressão, solicitando que participasse da conversa.

– Olá. Como tem passado? É Mariana seu nome? – iniciei a conversação.

Ao escutar minha voz, a moça loura de olhos claros virou o rosto em minha direção, como a querer analisar quem lhe falava. Olhando-me por alguns segundos, explodiu em pranto.

– Por que está chorando, Mariana? – perguntei.

Entre soluços respondeu:

– Foi tudo minha culpa! Foi tudo minha culpa!

Compreendi que havia conseguido fazer com que a jovem enferma se dispusesse a conversar. Mentalmente, Giovanna me informara que a moça tinha maior disposição para falar com espíritos que tivessem a aparência masculina.

– Eu mereci. Eu mereci – continuou ela. – Como fui tola ao imaginar que me aceitaria depois de tudo que fiz.

Giovanna retirou-se para o corredor, queria facilitar o andamento da conversa. Ficou atenta para qualquer intervenção que se fizesse oportuna. Não se trata de procedimento comum, mas como estava habilitado a este tipo de situação, pude eu mesmo conduzir o diálogo.

Compreendi de imediato que, mais do que qualquer orientação, esse espírito de jovem aparência feminina precisava mesmo era ser ouvida.

– Quer me contar o que tanto a incomoda? – falei com a intenção de direcionar o diálogo.

– Você não sabe? – A essa altura Mariana já havia diminuído o choro, mas estava com os olhos vermelhos e com o cabelo em completo desalinho. – Eu sou uma réproba! Um monstro, que não mereço a misericórdia divina. Fiz muita maldade.

– Eu não vejo desta forma.

– É porque aqui neste lugar só tem pessoas bondosas. Vocês não são maus como eu. Eu sou diferente. Nem sei por que insistem em tentar me ajudar.

– Não creio que qualquer outro aqui seja diferente de você. Por acaso a irmã pensa que não possuímos nossos desacertos?

– Parece que todos vocês combinam as respostas, mesmo que façam uso de palavras diferentes, sempre me dizem as mesmas coisas – a está altura da conversa, Mariana já se mostrava bem mais calma.

– Será que é porque se trata da verdade? – acrescentei.

– Não sei. Como disse antes, não sei por que se preocupam tanto comigo.

– Não quer nossa ajuda? – respondi com nova pergunta. Queria fazer com que a paciente pensasse e refletisse sobre o que conversávamos. Sabia por experiência que mesmo não estando em condições de entender de maneira mais abrangente naquele momento, haveria a oportunidade posterior para tais reflexões íntimas.

– Não é isso – respondeu Mariana um pouco confusa.

Estava ela com elevada dose de remorso pelos erros cometidos e inconscientemente tentava fazer com que as pessoas sentissem compaixão por ela, para então receber demonstração de carinho que lhe suprisse a carência. Precisávamos minimizar essa condição mental, caso contrário sempre agravaria seus padecimentos em função da baixa estima que repercutiria diretamente em deformidades e doenças quando da formação de seu novo corpo pela efetivação do processo reencarnatório.

Continuou ela:

– Só não entendo. Se eu fosse qualquer um de vocês, já teria desistido de querer ajudar alguém como eu faz muito tempo.

– Parece-me que já está fazendo isso – queria que ela reagisse, saísse de sua condição de vítima.

– Como assim? Não entendi aonde quer chegar – estava bastante confusa, mas realmente havia conseguido prender sua atenção.

– Ora, pelo que vi desde que entrei neste quarto, você já fez a opção de desistir de lutar por uma condição melhor. Sabe de uma coisa? Ninguém consegue ajudar quem não deseja ajudar a si mesmo.

Minhas palavras tiveram o efeito que desejava. Mariana voltara a chorar, mas desta vez suas lágrimas não tinha o peso da culpa e sim certa dose de frustração. Dava-se conta de que sabíamos de sua situação e que mesmo assim desejávamos ajudá-la. Não a culpávamos por nada, também cometemos nossos erros e recebemos igualmente o auxílio para tentar de novo. Mesmo que limitadamente, ela compreendia agora que sua apatia caracterizava-se como atitude ingrata perante os esforços constantes que operosos trabalhadores realizavam no sentido de lhe propiciar novas oportunidades de melhora da condição íntima.

Olhando-me desconfiada perguntou:

– Quem é você? Parece um desses especialistas da cabeça que eu frequentava antes daquilo que fiz. Você sabe... aquilo que eu fiz de errado.

– Sim, eu sei.

Na verdade só fui saber sobre o que Mariana fazia referência porque Giovanna me fornecia suporte mental durante o diálogo, fornecendo-me as informações que considerava oportunas. Soube que a jovem havia participado de um crime por motivos passionais e cometera suicídio em seguida. Já haviam se passado três encarnações desde que ocorreram tais fatos, mas a lembrança permanecia ainda muito latente em sua mente. Esse era o ponto central de toda a trama que envolvia nossa enferma.

Giovanna me aconselhara a não fazer uma introspecção junto com a jovem com relação ao seu passado. Apesar da lucidez, encontrava-se ela ainda muito ligada a esse passado, e qualquer referência poderia desequilibrar seus pensamentos, repercutindo diretamente em sua organização fisiológica em termos de organismo perispiritual. Suicidara-se com veneno, caso fixasse o pensamento no remorso, a lesão que a vitimara quando do ato suicida reaparecia por ideoplastia. Esse é um dos principais problemas que envolvem os suicidas, por isso acabam passando por encarnações que culminam em aborto espontâneo ou desencarnes precoce, estão em processo de reconstrução do veículo perispiritual. Essa recuperação depende da condição mental de cada um dos envolvidos.

Conversamos, eu e Mariana, por mais alguns minutos. Foi possível perceber que ainda existiam fortes impulsos de autoaniquilamento nas concepções da jovem interna. Procurando dissuadi-la de tais pensamentos, esforcei-me por lhe incentivar a confiança na providência divina, lembrando-lhe das oportunidades que nunca cessam e que devia alimentar esperança no porvir.

Despedi-me prometendo retornar para outros diálogos.

Em breves dias a paciente seria encaminhada a local de preparação, visando à nova tentativa de reencarne.

●

Reencontrei Giovanna junto ao corredor orientando outra enfermeira que guiava uma criança pela mão. Após conceder algumas orientações à trabalhadora da instituição que lhe pedia auxílio, já estava ela disposta a me fornecer novos esclarecimentos.

— Espero não estar comprometendo seus serviços junto ao funcionamento do hospital, não se sinta constrangida em me dizer caso eu esteja sendo inoportuno — enfatizei por constatar as muitas atividades que ocorriam ao nosso redor.

— Ao contrário — interrompeu prontamente Giovanna. — Nossos enfermos ainda não estão maduros suficientemente para ensaiar o período de florescimento. É nosso dever cuidar tanto do solo onde depositamos as sementes quanto das flores que ensaiam desabrochar.

Acabei enrubescendo com o comentário gentil da amiga. Não desejando abusar de sua boa vontade, apresentei sem mais delongas minhas dúvidas.

— Compreendi que Mariana cometera suicídio através da ingestão de veneno, porém ainda faltam algumas lacunas em sua história para conseguir compreender em que circunstâncias ocorreram tal fato.

— Mariana teve uma vida simples. Em situação difícil, foi criada pela tia materna. Sua mãe morrera quando tinha ainda poucos anos de existência física. O pai, nunca conhecera, pois ele abandonou o lar durante o período de gravidez. A menina fora criada pela tia, que era solteira e vivia sozinha. Na juventude, com pouco mais de vinte anos, Mariana conheceu um homem mais velho, casado e com dois filhos pequenos. Apaixonou-se perdidamente por ele. Envolveram-se em trama amorosa sem que a esposa traída desconfiasse. Mariana, muito imatura, iludiu-se na expectativa de que acabaria constituindo um lar com seu amado. Ao constatar essa impossibilidade, deu margem a maquinações mentais doentias. Decidiu exterminar a esposa, que estava, no seu entender, entravando sua felicidade. Convenceu a empregada do casal, pessoa corruptível, a acrescentar veneno na bebida da senhora, que não desconfiava de nada. Aguardou na expectativa o desfecho do plano, vindo a ter ciência de que o mesmo não saíra conforme o planejado. Atordoou-se quando soube que a vítima fora o filho mais velho do casal, que ingerira o veneno por acidente. Foi fácil encaixar as peças e desvendar toda a trama. Mariana alucinada acabou tirando a própria existência. O esposo, sentindo-se culpado, seguiu o mesmo rumo, assim como a empregada, que se enforcou semanas mais tarde na prisão.

Fiquei sem ter o que comentar. Por que insistimos tanto em nos prender a falsas ilusões, principalmente no campo afetivo? O ser humano em evolução é mesmo uma caixa de pandora, nunca se sabe qual ato poderá surgir de uma mente em desequilíbrio. A paixão difere do amor por sua irracionalidade, que, assim como pode ser canalizada para algo proveitoso, pode desaguar em um mar de aflições.

Giovanna, constatando minhas divagações íntimas, chamou-me à realidade, acrescentando:

– Nossa albergada sentiu-se muito culpada após o desfecho desse crime. Vagou anos na espiritualidade colhendo os reflexos de suas atitudes, junto a ela vagava também sua cúmplice. Quando socorrida, foi encaminhada pouco tempo depois a uma primeira tentativa reencarnatória. Esse processo não poderia ter êxito devido às fortes lesões que ocorreram em seu perispírito e eram reforçadas pela condição mental que alimentava amplo complexo de culpa. Essa tentativa de reencarne tinha o objetivo de melhorar a condição de Mariana pela possibilidade de rápido esquecimento e início de um tratamento estrutural do perispírito lesado.

– Pode parecer aos pais que receberam esse espírito em

uma gravidez frustrada que exista injustiça. Por que receberiam como filha, no caso, um espírito que não conseguiria nascer?

– A falta de esclarecimento com relação à espiritualidade pode provocar tais equívocos. Aqueles que têm algum conhecimento dos postulados espíritas já entendem que nada acontece por acaso. Os genitores que receberão esse espírito como um filho que não chegaria a nascer encontram-se igualmente envolvidos em situações pretéritas que resultam em tais comprometimentos, na maioria das vezes, através de fatos relacionados ao aborto praticado em outras encarnações. Há, porém, abnegados pais que compreendem o sofrimento dos espíritos envolvidos e oferecem-se espiritualmente para facilitar-lhes o restabelecimento.

Algumas crianças passaram pelo corredor distraindo nossa atenção. Prontamente retornei à conversação perguntando:

– O restabelecimento de um espírito que cometeu suicídio leva muito tempo na grande parte das situações, como vai a situação de Mariana?

– Há enormes dificuldades para se conseguir eficiente processo de gestação. O suicida alimenta desejo de autoaniquilação, o que facilita o surgimento de deformidades e complicações durante a gravidez. O amplo complexo de culpa em que se envolve nossa paciente dificulta qualquer solução breve para seu drama. Alimenta grandes deformações no próprio sistema respiratório, que se agravam quando do processo reencarnatório pelo contato mais amplo com a matéria densa. Apesar de estar retornando de sua terceira tentativa reencarnatória após o suicídio, ainda não conseguirá organizar um corpo sadio para se manifestar no mundo corporal.

Dando uma breve pausa à explanação, para que eu pudesse assimilar todo o relato que descreveria aos encarnados posteriormente, seguiu sua fala esclarecedora:

– Na próxima tentativa, Mariana terá como mãe a mulher que tentara vitimar. Seu pai será o mesmo homem com quem se envolveu afetivamente. Terá ainda, caso o planejamento tenha êxito, a companhia de sua cúmplice na condição de irmã mais nova.

– Existe a possibilidade desses planos não acontecerem?

– Entenda que existe o livre-arbítrio de cada um a interferir no todo. Estes planos já foram frustrados na última tentativa reencarnatória de Mariana. Sabendo das circunstâncias que envolvem os participantes desta trama, consegue-se entender por que nossa paciente foi abortada por sua mãe intencionalmente.

Ficava evidente para mim a afirmação de Giovanna com relação à gravidez ser um amplo processo de intercâmbio mediúnico. A futura mãe identificou a presença de sua rival e rejeitou o vínculo. Certamente que o futuro pai também esteve envolvido nesta decisão.

– A gravidez – continuou Giovanna – é um processo de intenso intercâmbio. Através dela existe a possibilidade de reaproximarmo-nos dos espíritos com os quais alimentamos intenso sentimento de rivalidade. Mesmo tendo consentido a aproximação de Mariana, quando ainda estavam ambas na espiritualidade, durante processo de gestação não conseguiu conter suas imperfeições, deslizando no ato abortivo.

– Essa mãe tem grande parcela de culpa por ter abortado um espírito que lhe prejudicou amplamente em existência anterior?

– Como quase sempre ocorre nestes casos, a relação que envolve este agrupamento de espírito se desenvolve desde longos séculos. Não há, portanto, nem culpado nem vítima. Ambos arrastam-se no lodo de suas próprias paixões inferiores. Acusar o outro ou nos desculparmos utilizando erros alheios não muda a situação, já que nossa consciência será a juíza de direito de nossos atos. "Assim como julgares serás julgado", já dizia Jesus. Perdoando estaremos perdoando nossos próprios deslizes. Nosso trabalho em instituições como esta se resume em continuar tentando apaziguar as desequilibradas relações que unem espíritos nessas condições, da mesma forma que outros amigos ainda fazem o mesmo por nós. Quem enxerga a situação sem estar envolvido nessa relação consegue apreciar com mais equilíbrio os melhores caminhos do porvir.

– Estou muito satisfeito com a visita. Sei que a irmã tem outras tarefas que a reclamam, mas gostaria de fazer comentários sobre um último tema que me intriga.

– Pois diga – respondeu sempre solícita a enfermeira.

– Todos os espíritos que desencarnam durante a infância, ao chegarem à espiritualidade, retomam a aparência adulta que já ostentaram antes?

Giovanna sorriu de minha ingênua pergunta, mas entendeu meu objetivo ao fazê-la.

– Como sabe, não existem protocolos de atendimento na espiritualidade. Os amplos complexos mentais que envolvem os necessitados ditam a forma como deveremos tratar cada um dos casos que nos chegam. Portanto, cada espírito assumirá a aparência que melhor lhe convier, se já tiver condições de fazer essa opção, ou poderá ainda ser dirigido hipnoticamente a essa alternativa, se necessário. A forma infantil não impede a lucidez do espírito, o impedimento ocorre em função da condição de entendimento que cada um possui. Enquanto estivermos ainda dependentes da aparência, precisaremos nos revestir de um corpo fluídico adulto por imaginarmos que somente nele seremos respeitados e conseguiremos nos apropriar de nossa capacidade de interpretação. Espíritos mais evoluídos do que nós outros deixaram há muito de se preocupar com a forma. Se o fazem é porque estão objetivando travar relações com outros espíritos para quem a forma pode ainda ser muito expressiva.

– E os educandários infantis, como ficam?

– Já reparou que existem espíritos que preferem a forma infantil e transitam com essa aparência pela espiritualidade? Aqueles que se sentem crianças ou adultos assim permanecem. Aqueles que se entendem espíritos livres da forma vestem-se conforme a necessidade. Há elevados trabalhadores revestidos da forma infantil para atuar junto a crianças, ou ainda, para se fazerem mais envolventes no contato com corações endurecidos pelo ódio. A mentalidade humana ainda se caracteriza por estar muito vinculada à forma, por isso tamanha dificuldade em entender que a espiritualidade não é abstrata. As pessoas acreditam que aquilo que não conseguem normalmente ver nem tocar seja fruto de delírios. Reside neste aspecto a dificuldade de entender que para nós que vivemos aqui tudo é tão real como para quem vive no mundo físico. Se não tivéssemos a possibilidade do contato com a esfera física, também imaginaríamos que ela não existe, o mesmo ocorre com as faixas mais sutis da espiritualidade por onde transitam espíritos mais evoluídos que não conseguimos livremente constatar. Por isso crianças que se entendem crianças, ao desencarnar assim permanecem.

Nosso tempo havia se esgotado. Despedimo-nos e segui para as atividades que me aguardavam o concurso.

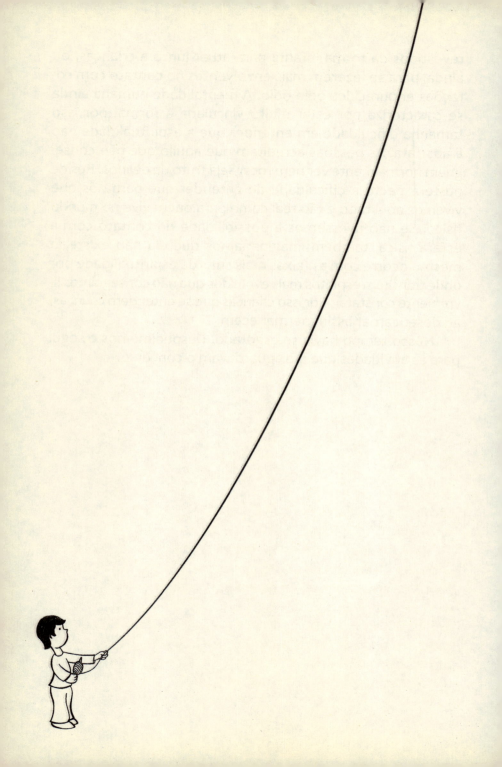

# 11 Apreciações finais

Aproximava-me da fonte renascentista que embelezava a praça central da instituição em que estávamos alistados naqueles dias. Flores diversas exalavam suave perfume a infundir agradável sensação de tranquilidade em todos. Nosso pequeno grupo foi encaminhado para os jardins floridos, onde encontramos Maximiliano sentado sob a sombra de árvore majestosa e convidativa.

Percebendo-nos a aproximação, enunciou:

– Para que desperdiçarmos uma tarde no interior de prédios quando podemos nos sentir como verdadeiros participantes, que somos, da infinita obra da criação.

Concordamos e acomodamo-nos sentados em círculo. A visão era muito bela, havia outros espíritos que aproveitavam, como nós, o clima tranquilo do parque. O ambiente era extremamente propício a reflexões.

Maximiliano, conforme aprendemos a conhecer, não se impunha como um instrutor que orientava a todo instante a forma de interpretação do grupo. Ao contrário, colocava-se ele na condição do aprendiz que, atento, queria ouvir o que todos tinham a dizer, estimulando sempre a livre interpretação das lições vivenciadas. Aprendemos a entender a necessidade de nos fazermos livres-pensadores, dispostos a aprendizado constante na grande escola da vida por toda a eternidade.

Observando-nos com atenção, formulou a pergunta inicial que daria início a nossas reflexões sobre a mediunidade e a infância.

– O que me dizem das expressões mediúnicas que acompanhamos neste último período, tudo o que observamos com relação à infância e sua ligação com o universo espiritual?

– A compreensão que possuía até então era muito acanhada em comparação ao que pude conhecer – iniciou Japhet. – A cada passo que damos parece que novo mundo se descortina aos nossos olhos. Caímos em grande engano, principalmente quando encarnados, ao supormos que a vida além da matéria se caracterize por monotonia. Somente Deus é testemunha do quanto tenho podido aprender. Creio que possa afirmar em nome de todos nós que nossa visão da criança encarnada está ainda muito aquém de sua real condição. Somos catequizados a visualizar a infância como um período em que o ser é nulo, que nada sabe e que tudo precisa conhecer conforme os padrões ditados pela sociedade em cada época e local.

– Sim – adentrou Jullien a conversa – Esta visão acredito que seja a principal dificuldade que nos marca até hoje, compreender mais amplamente as questões que envolvem a infância. Por possuirmos a concepção limitada da criança, acabamos por desenvolver sistemas equivocados que esbarram em grandes dilemas existenciais. Essa insegurança em compreender a criança com que lidamos interfere na formação que idealizamos para os nossos filhos e educandos. Estamos sempre atrelados a limites radicais de entendimento.

– Concordo com meus companheiros – Brunner comentava o assunto. – A problematização da infância está estruturada em um nascimento a partir do nada. Somos alguma coisa, mesmo que não consigamos ainda compreender. Negando a preexistência da alma, incorremos na criação de lacunas que não preenchem as formulações desenvolvimentistas. As obras dos grandes estudiosos desta área pecam por não conceber a criança como um ser que preexistia antes de nascer.

– Tal falta de compreensão da infância repercute no entendimento que os adultos têm da imaginação infantil – Acrescentei timidamente ao debate. – Gostaria de ouvir o comentário de meus amigos com relação a esse tema.

– Toda criança saudável brinca imaginativamente em algum momento de sua vida – Brunner empolgava-se com o assunto. – Somente ela, a criança, sabe do que realmente brinca. O adulto em constante contato interpreta essas expressões segundo seu entendimento, mas nunca atinge a máxima expressão simbólica da criança.

– Deparamo-nos com um componente importantíssimo de maturação do processo sadio do desenvolvimento infantil – considerou Maximiliano. – Estamos acostumados a adotar posições extremadas com relação aos assuntos que dizem respeito ao comportamento infantil. Adentrando o tema da mediunidade, pudemos constatar que a relação da criança com a espiritualidade, em média, é muito superior à do adulto. Ela percebe impressões que o adulto, se sente, não consegue na maioria dos casos identificar a origem. Nossa posição diante dessas manifestações, como por exemplo, de a criança brincar com seu amigo imaginário, é bastante confusa. Temos acompanhado retaliações taxativas por parte de pais e educadores que coíbem tais acontecimentos. Por outro lado, existem alguns pais que, excessivamente místicos, pensam estar diante do oculto nestas situações. Creio que a naturalidade deve caracterizar a conduta de pais e educadores. O convívio espiritual por parte da criança é natural, pois entende que nada está fora do lugar e que todas as outras pessoas também devem perceber o que ela está conseguindo constatar. Com o desenvolvimento natural deste processo maturacional, a janela mediúnica tende a retroceder para níveis normais ao o padrão humano. Pesem os amigos que valores aquilataríamos à nossa sociedade se pudéssemos carregar intimamente a certeza de que a vida que vivemos na matéria é um processo com início, meio e fim, tendo convicção de que somos eternos? São esses valores que sistematicamente retiramos da criança quando as proibimos de aceitar aquilo que acontece de forma tão natural na etapa em que estagiam.

Jullien, com a expressão de quem tivera uma ideia brilhante, complementou:

– Vivemos lutando contra as imposições de entendimento que sempre fizeram parte da trajetória humana, religiões e seus refratários dogmas que não permitem ver o progresso. Penso que essa relação natural que a criança encarnada tem com a espiritualidade é muito mais livre de sistemas e crenças preconcebidas. Vejo neste aspecto também mais uma possibilidade de grande salto moral para a sociedade humana.

Desta vez fui eu que concluí:

– Por esse mesmo motivo, a relação da criança com a morte do corpo físico de um familiar seu é muito mais amena. Costumamos dizer que as crianças não entendem o que é morrer, mas será que livres de nossos dogmatismos não são elas que entendem e vivem muito melhor essa relação?

– Tendo recém-aportado no mundo corporal, a criança vem do caminho inverso daquele que parte com a extinção do invólucro material. Traz certamente muito mais latente a ideia da imortalidade e da constante relação com o mundo espiritual do que os adultos, que de forma sistemática foram convertidos em céticos pela sociedade e seus valores temporários – Japhet completou meu pensamento.

Maximiliano aguardou alguns instantes para que assimilássemos esses pareceres e reafirmou:

– Quando esses valores estiverem enraizados na crença da sociedade atual, estaremos iniciando uma sociedade renovada, que, despida do sectarismo religioso, primará pela educação moral que será exemplificada em cada ato. Suicídios praticados, direta ou indiretamente, abortos, crimes, violência e toda forma de imposição de valores passageiros animarão as páginas de nossos livros de história.

Olhando-nos, perguntou:

– E o que pensam com relação ao momento atual? Qual a opinião sobre a atividade mediúnica por parte das crianças?

– Ora, se concluímos que se deva encarar com naturalidade e sem excessiva valorização a relação habitual que a criança encarnada tem com os espíritos, por certo também devemos ser naturais na relação que adultos tem com essas mesmas crianças no que diz respeito à mediunidade – Brunner comentou.

– Sempre ouvi que mediunidade era incompatível com a infância – comentei.

Maximiliano era quem possuía maiores conhecimentos com relação ao tema:

– Pergunto eu: todos estão de acordo em entender a mediunidade como uma característica inerente ao espírito e que se enraíza biologicamente quando estamos encarnados? – constatando nossa concordância, seguiu. – É comum escutarmos de espíritas menos avisados que a mediunidade pode ser bloqueada. Sabemos que não é verdade, o que ocorre é que nenhum espírito procurará um instrumento ocioso, a não ser para importunar. E observamos seguidamente isso entre aqueles que negam a faculdade de intercâmbio espiritual que possuem, e o quanto sofrem pela falta desse entendimento. Portanto, estamos redondamente enganados se imaginamos que isolando a criança dos fenômenos espíritas estaremos restringindo a faculdade mediúnica. Quem somos nós para ter a pretensão de regular a programação que tem direção superior? A sensibilidade mediúnica simplesmente se torna evidente, quer queiramos ou não. E nesta condição o melhor é nos munirmos de orientação. Por que uma criança não poderia estudar o que acontece com ela? Não seria este o meio de conhecer a melhor forma de lidar com o fenômeno? Os espíritas acostumaram-se a regular o que pode e o que não pode com relação à mediunidade, esquecem-se de que foram e são inúmeras as mediunidades que florescem na infância. Corretamente há receios com relação à maturidade que essa criança possa ter no contato com os espíritos. Porém, estando em um centro espírita, sendo orientada, estará em condição muito melhor do que se colocada à margem e alheia ao processo que ocorre independentemente de sua vontade. O centro espírita, na compreensão de Allan Kardec, é escola aberta, livre e não-sectária.

– Então, você entende que crianças podem desenvolver livremente a mediunidade? – questionei interessado.

– Estamos afirmando que é importante não esconder da criança o que ocorre com ela. Nós mesmos, recentemente, chegamos à conclusão de que a visão da criança com relação aos fenômenos mediúnicos é muito mais natural do que a do adulto. A sensibilidade mediúnica, por ser espontânea, jamais poderá ser restringida por nossa presunção de saber o que é melhor. Contrariando um desenvolvimento que acontece naturalmente, estamos criando uma dificuldade a mais. Não queremos que crianças componham livremente atividades mediúnicas, tudo em seu devido tempo, aguardemos que tenham condições e seriedade para tanto. Mas enfatizamos que é necessário educar e orientar aqueles que possuem sensibilidade mediúnica também na infância, respeitando seu processo natural. A natureza nos indica a melhor hora para tudo o que diz respeito à mediunidade.

– Se estivesse de posse desta visão, teria sido poupado de graves preocupações quando encarnado. Não havia quem me orientasse quando minha filha entrava espontaneamente em contato com espíritos desencarnados. Graças à bondade divina, pude ser orientado por bons companheiros que me assistiam espiritualmente. Mas quantos são os que manifestam faculdades mediúnicas em processo obsessivo, distantes de qualquer harmonia? Realmente é incompreensível que, tendo esclarecimento com relação à mediunidade, não se estenda esta orientação às crianças e familiares que sofrem com o descontrole e a falta de entendimento do que lhes acomete nestes momentos – finalizou Japhet.

– Penso que o impedimento para essa conduta é o fato de não encararmos a criança como um espírito em evolução, que teve outras existências e que pode estar muito a nossa frente em desenvolvimento espiritual – Jullien seguia expondo seu raciocínio. – A fase infantil caracteriza-se por uma espécie de entorpecimento das faculdades intelectuais manifestáveis através do corpo físico, é a benção do esquecimento que nos socorre em cada nova reencarnação. Essa aparência ingênua que é necessária, por permitir a aproximação de muitos desafetos de outros tempos, parece nos influenciar demasiadamente com relação a nossa forma de apreciar a criança.

– O espírito renasce em um corpo frágil para retornar ao estágio escolar, onde exercitará o aprendizado. Protegido pelos pais, encontra-se propenso a receber extensa orientação, principalmente nas questões de aspecto moral. Se trouxer vícios, é preciso educá-lo e, se apresentar virtudes, precisamos estimulá-las, essa é a educação transformadora que necessitamos abraçar. Ao receber esse espírito antigo como filho em vestes em miniatura, a providência divina fomenta o fortalecimento dos laços do coração entre pais e filhos, que em recuadas eras podem ter sido grandes adversários – Maximiliano complementava.

– Se a criança é um ser tão diferenciado quanto o adulto, quais são os motivos que a fazem nascer sob tantas condições específicas? Falo da hereditariedade, limitações físicas e psicológicas, por exemplo – perguntei.

Maximiliano tomou a dianteira em me responder:

– Todos esses aspectos são discutidos previamente, antes de se iniciar o processo reencarnatório. Se o espírito que irá reencarnar não dispõe de condições para decidir por si mesmo, existirá um tutor que o faça, visando sempre ao bem-estar espiritual do indivíduo. Não renasce o espírito para o mundo da forma física ao acaso. Conforme suas necessidades mais prementes, é encaminhado a este ou àquele lar. Portanto, características físicas, por exemplo, estão em perfeita consonância com os objetivos imediatos do ser que reencarna. Se assim não fosse, procuraria reencarnar em outra família que lhe possibilitasse os caracteres mais necessários ao processo de aprendizado que visa a executar durante a existência física.

– E a adolescência? – falou Brunner.

– Nesta fase é que se inicia a apropriação da bagagem pretérita por parte do ser encarnado – continuava Maximiliano. – De forma intuitiva, manifestam-se mais fortemente os valores já adquiridos. Essa transformação é a apropriação das características que realmente revestem o espírito. Retorna gradualmente a possuir traços de sua personalidade integral, sempre refém dos impedimentos impostos pela matéria. Por isso, nosso cuidado em fornecer educação às crianças, antes que voltem a manifestar mais amplamente seus vícios por conta do período de transformações da adolescência.

Todos esses enunciados eram extremamente oportunos, nos possibilitavam uma visão mais ampla do processo de aprendizagem enquanto encarnados e sua relação com nossa meta de evolução espiritual. Indicando a responsabilidade que temos em procurar ser bons exemplos morais àqueles que nos cercam, pois trocamos constantemente impressões que nos serão fonte rica de aprendizagem. Educando da melhor maneira possível, porque amanhã serei também reeducado, quando retornar à existência corporal para nova reencarnação. Estamos todos impreterivelmente ligados, nossa evolução está significativamente relacionada à evolução daqueles que nos cercam. Com esse entendimento, companheiros da mais elevada estirpe espiritual abraçam a humanidade com lições de amor, empreendendo o sacrifício de renascer fisicamente em nosso mundo tão atrasado.

Estrelas começavam a surgir no céu. Todos tinham ocupações que nos chamavam ao trabalho. Sentíamos que havia ainda poucos minutos para troca de ideias. Refletindo intimamente, Japhet dirigiu a seguinte pergunta a nosso orientador:

– Como saber se estamos agindo certo com relação à educação infantil?

Com expressão séria, Maximiliano meditou por alguns instantes e respondeu:

– Aprendi em minhas existências e, principalmente através do contato com espíritos de esferas mais elevadas, que a as noções de verdade que abraçamos hoje não serão as mesmas de amanhã. Evoluímos, meus irmãos. Necessitamos estar sempre receptivos aos convites reflexivos que a vida nos oferta, tirar lições de todas as coisas, aprender com os mais simples tanto quanto com os mais desenvolvidos. Por isso não poderemos jamais cair na presunção de indicar regras. Deus nos criou únicos. E como únicos; portadores de consciência própria. Possuímos nosso livre-arbítrio. Toda nossa conduta passa por ele. Deixemos que a vida nos envolva sem a presunção de algo saber. A única alternativa que nos resta é o amor. Amar parece-nos o único remédio possível. "Ama a Deus sobre todas as coisas e ao próximo como a ti mesmo. Faze aos outros o que gostarias que fizessem a ti mesmo. Eis a Lei e os profetas". Acho que isso resume tudo. Não podemos ter medo de tentar se nos empenharmos com amor. Certeza não há.

•

Despedimo-nos. Ainda nos encontraríamos em outras atividades. Ergui-me um pouco entristecido com a despedida temporária. Cada qual tomou seu rumo. Pensativo, segui andando pelo parque, que parecia extremamente belo, iluminado pela claridade da lua que despontava ainda timidamente. Caminhava divagando mentalmente, pensando nas diversas circunstâncias em que nos víamos recolhidos na vida, quando ouvi me dirigirem a palavra.

– Posso lhe fazer companhia?

Virei-me e vi Maximiliano sorrindo a meu lado.

– Percebi que estava pensativo demais e sei que isso caracteriza uma preocupação, quer conversar?

Maximiliano jamais se impôs na condição de orientador, era como a fonte onde se bebia esclarecimentos e motivação ante as dificuldades.

Sorri, jamais consegui esconder qualquer coisa dele.

– Não consigo esconder nada de você?

Como Maximiliano somente sorrira discretamente, continuei:

– Fui visitar Manoel, o menino que acompanhamos no início das observações. Fiquei muito chateado com as constatações que fiz.

Manoel possuía dificuldades para lidar com a sensibilidade que apresentava. Sem orientação, vivia sob o efeito de medicamentos, que pouco, ou nada, amenizavam sua situação. Seus pais haviam se divorciado em conflito judicial. Coube ao pai a guarda do menino nos finais de semana. Carlos, o pai do menino, continuava frequentando um centro espírita. Infelizmente estava impossibilitado de estender o auxílio que recebia ao filho. A mãe não aceitava o argumento da influência espiritual que o marido tentava lhe explicar, nem sequer queria ouvir nada sobre Espiritismo. Essa situação arrastava-se sem um prognóstico salutar em curto espaço de tempo.

– Nem sempre as coisas saem como gostaríamos, François. Acontecem como precisam acontecer. Devemos respeitar o livre-arbítrio dos envolvidos.

–Entendo – compreendia o que queria dizer Maximiliano, mas estava frustrado com a constatação de quão pouco aproveitamos as oportunidades que a vida nos oferta para melhorar. Mesmo sabendo que a dor é remédio opcional a quem a adota, entristeci sabendo que poderiam optar por alternativa menos dolorida, mas não o fizeram.

– Quando plantamos árvores, lançamos suas sementes ao solo cientes de que, mesmo que a adubemos e forneçamos água igualitariamente, elas crescerão de maneira distinta. Frutificarão quando estiverem crescidas e fortes. Somos assim, como estas árvores. Não podemos esperar frutos de árvores que não alcançaram ainda a estação da colheita. Muitos invernos queimarão ainda nossas folhas até que possamos assimilar eficientemente esses convites de renovação que a vida nos oferta.

Seguimos pelo jardim, conversando e discutindo novos projetos de trabalho e aprendizado para o porvir, alegre e agradecido por ter sempre a companhia de bons amigos me orientando os passos. Muito há o que aprender e trabalhar.

# A FAZENDA DOS IPÊS

### FLORIDES BERTUZZO

O que faz um homem ganancioso para ter poder e dinheiro? Tudo! Assim era o conde Cesare Brevegliere. Agindo de modo irresponsável, o belo e jovem aristocrata rouba e planeja matar toda a família, assim que descobre que, em suas terras, encontra-se uma mina de pedras preciosas, da qual deseja ser dono absoluto. O destino, porém, muda o rumo de sua vida, e diversos acontecimentos abatem-se sobre sua família e seus escravos, que sofrem com a "lei do chicote". O cenário de desamor, violência, chibatadas e muita morte, no entanto, contrasta com a bela e famosa "Fazenda dos ipês"

Romance | 16x23 cm | 352 páginas

Boa Nova Catanduva-SP | (17) 3531.4444 | boanova@boanova.net
Boa Nova São Paulo-SP | (11) 3104.1270 | boanovasp@boanova.net
Boa Nova Sertãozinho-SP | (16) 3946. 2450 | novavisao@boanova.net
www.boanova.net

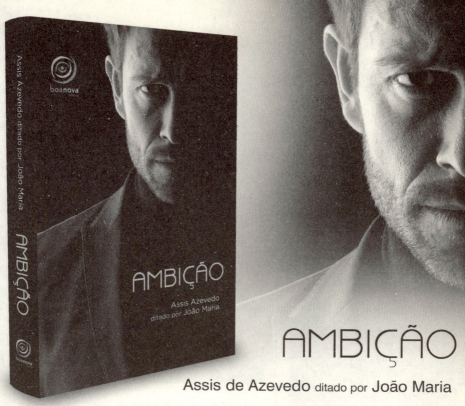

# AMBIÇÃO

### Assis de Azevedo ditado por João Maria

**Um homem, um sonho!** É possível acreditar em um mundo melhor? Em pessoas mais responsáveis? Em valores morais mais nobres? No coração de muitos, há tanta coisa represada! E nós, por questões às vezes meramente materiais, deixamo-nos envolver pelos gritos agitados que o mal alardeia ao nosso redor.
A morte de um megaempresário mexe com o mundo dos poderosos do país, inserindo nesse cenário um ilibado inspetor de polícia, que decide investigar a veracidade dos fatos. Falcão Nobre é um policial conhecido de muitos bandidos e respeitado em seu meio por sua conduta irrepreensível. Dono de sagacidade e coragem incomuns, o policial se vê então envolvido em uma conspiração perigosa, que pode levar um homem ao sucesso ou ao fracasso total.
Traição, egoísmo, intrigas e maledicência são alguns dos componentes que se mesclam neste livro à ambição desmedida de alguns personagens por poder e dinheiro.
Esta obra apresenta também uma reflexão sobre a condição de mudança do homem quando decide, encorajado pela fé, pela esperança e pela vontade, fazer a diferença.
Numa narrativa empolgante e em um clima de suspense, Falcão Nobre busca a verdade e, inesperadamente, ainda poderá encontrar algo que nunca imaginou: o amor.

352 páginas | Romance | 16x23 cm | 978-85-8353-036-7

Boa Nova Catanduva-SP | 17 3531.4444 | boanova@boanova.net
Boa Nova São Paulo-SP | 11 3104.1270 | boanovasp@boanova.net
Boa Nova Sertãozinho-SP | 16 3946.2450 | novavisao@boanova.net

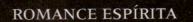

# ROMANCE ESPÍRITA

## O TESTEMUNHO DOS SÁBIOS

Rafael de Figueiredo ditado pelo espírito Frei Felipe

O final do século XIX marcou para o Espiritismo o início de uma nova etapa, quando os principais pensadores da Europa voltavam suas atenções aos fenômenos mediúnicos.

Entretanto as revoluções e guerras parecem ter alterado o rumo inicial dessas observações. Nesse contexto, Edouard, médico de origem escocesa, se vê cercado por evidências de que as manifestações dos espíritos não eram apenas fruto de cérebros fracos, como ditava o preconceito científico.

A obra segue a linha de raciocínio já observada no trabalho anterior do espírito Frei Felipe, que busca contextualizar a história dos principais fatos que marcaram o surgimento e o desenvolvimento das ideias espíritas através de um romance bem construído.

Formato: 16x23 cm | 448 Páginas
ISBN: 978-85-8353-000-8

Mais informações fale com os nossos consultores.

Boa Nova Catanduva-SP | (17) 3531.4544 | boanova@boanova.net
Boa Nova São Paulo-SP | (11) 3104.1270 | boanovasp@boanova.net
Boa Nova Sertãozinho-SP | (16) 3946. 2450 | novavisao@boanova.net
www.boanova.net | www.facebook.com/boanovaed

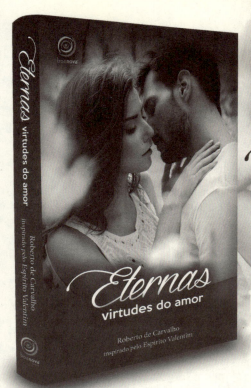

# Eternas
## virtudes do amor

Roberto de Carvalho
inspirado pelo Espírito Valentim

256 páginas | Romance | 16x23 cm
978-85-8353-042-8

    Este romance narra a vida do Espírito Valentim em sua mais recente experiência encarnatória. Ele teve o privilégio de nascer em um lar materialmente bem provido e de conviver com pessoas esclarecidas. Foi conduzido para o caminho da política, tendo exercido a função de prefeito de sua cidade em mais de um mandato – maravilhosa oportunidade de, coletivamente, praticar o bem, caso a houvesse aproveitado.

    Conviveu também com desafetos do passado, tendo a chance de praticar o perdão, e reencontrou Suzana, companheira de outras existências, podendo provar o quanto a amava. Porém, vícios morais como egoísmo e ambição fizeram dele um político corrupto, arrogante e preconceituoso, seguindo por um caminho de equívocos e sofrimentos.

    Mas a experiência de Valentim é também um rico aprendizado no que se refere à prática do amor verdadeiro, mostrando-nos que ele se sobrepõe às maldades promovidas pelas imperfeições humanas, como um bálsamo a suavizar feridas e a manter acesa a chama inesgotável da esperança em que um dia, moldados pela dor, pelo arrependimento e pela conscientização, todos nós possamos conquistar as eternas virtudes do amor.

ENTRE EM CONTATO COM OS NOSSOS CONSULTORES.

 17 3531.4444 Catanduva-SP | 11 3104.1270 São Paulo-SP | 16 3946.2450 Sertãozinho-SP

/boanovaed     boanova@boanova.net

# O MISTÉRIO DA CASA

**CLEBER GALHARDI**
16x23 cm
Romance Infantojuvenil
ISBN: 978-85-8353-004-6

## 256 páginas

Uma casa misteriosa! Um grupo de pessoas que se reúnem alguns dias por semana, sempre a noite! Um enigma? O que essas pessoas fazem ali? O que significa esse código? Descubra juntamente com Léo, Tuba e Melissa as respostas para essas e outras situações nessa aventura de tirar o fôlego que apresenta aos leitores uma das principais obras da codificação de Allan Kardec.

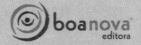

**LIGUE E ADQUIRA SEUS LIVROS!**
Catanduva-SP 17 3531.4444 | boanova@boanova.net
São Paulo-SP 11 3104.1270 | boanovasp@boanova.net
Sertãozinho-SP 16 3946.2450 | novavisao@boanova.net
www.boanova.net

# FÁBULAS DE
# LA FONTAINE
### UM ESTUDO DO COMPORTAMENTO HUMANO

Francisco do Espirito Santo Neto ditado por Hammed

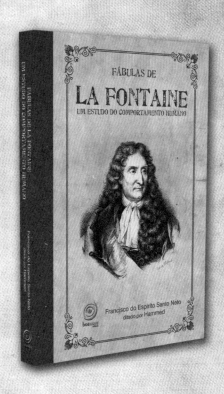

Conta-se que Fénelon, compreendendo a simplicidade dos gênios gregos, igualmente admirava a espontaneidade e naturalidade das fábulas de La Fontaine pela despreocupação com o estilo e com o pedantismo humanista, em uma época em que a corte francesa prezava a arrogância cultural e a erudição rebuscada. Fénelon, quando soube do seu falecimento, escreveu:

"Com ele morreram o espírito alegre e as risadas felizes..."

Disse Voltaire a respeito das Fábulas:

"Eu desconheço um livro que seja tão abundante em beleza e encantamento, adaptado ao povo e ao mesmo tempo a pessoas de gosto refinado. Acredito que, de todos os autores, La Fontaine... é para todo tipo de espírito e para qualquer época."

## NOVA EDIÇÃO | NOVA CAPA
## NOVO PROJETO GRÁFICO

Filosófico | 16x23 cm | 224 páginas

Editado anteriormente com o título:
La Fontaine e o comportamento humano

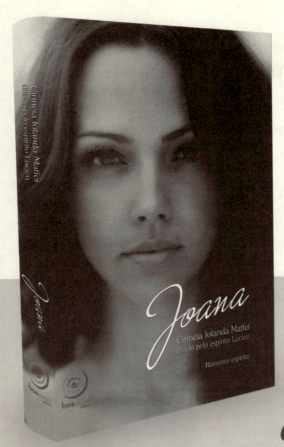

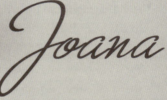

Cirinéia Iolanda Maffei ditado pelo espírito Lucien

416 páginas | Romance | 16x23 cm

Uma adolescente de treze anos, que vive em uma das favelas do Rio do Janeiro, envolve-se com Nicolas: um rapaz sedutor que lhe dá a falsa sensação de resgatá-la de uma vida simples e sofrida. Um inocente passeio em Angra dos Reis termina com seu sequestro e envio para Barcelona, onde se vê envolvida com uma quadrilha dedicada à exploração sexual. Uma pergunta não formulada permanece o tempo todo: afinal, quanto conhecemos sobre nossa sexualidade e o que nos incita a ser da maneira como somos em relação ao sexo e ao amor?

Catanduva-SP 17 3531.4444 | São Paulo-SP 11 3104.1270 | Sertãozinho-SP 16 3946.2450
boanova@boanova.net | www.facebook.com/boanovaed

# O VALOR DA VIDA

## SUPERANDO O MEDO DE VIVER

### HUMBERTO PAZIAN

Por que a vida? Através desta interrogação o autor aborda um tema tão misterioso quanto a própria existência: o suicídio. O que leva o ser humano dotado de inteligência a abandonar, de livre e espontânea vontade, a vida? Será o apego a um mundo material ilusório? Fuga? Desespero? Quais são as consequências do seu ato? Nesta obra, momentos de aflição e tristeza são trazidos à luz da compreensão através de uma séria reflexão baseada na Codificação Espírita e no Evangelho do mestre Jesus.

## INDISPENSÁVEL PARA VIVER BEM

Um livro que acalma e dá ânimo novo, com várias lições de como encarar a vida com mais leveza e simplicidade. Leitura obrigatória para você, que quer viver bem.

# APRENDENDO COM OS ESPÍRITOS

Rafael de Figueiredo *pelos espíritos Lúcia e Frei Felipe*

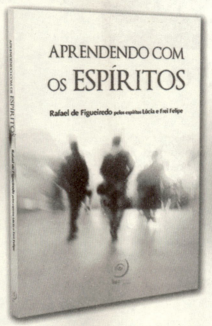

Mediunidade | 16x23 cm | 192 páginas

E se perguntassem do que trata o livro "Aprendendo com os Espíritos", o que responderia? Esse livro é um guia, uma reflexão, que invariavelmente conduzirá o leitor pelos sinuosos caminhos da mediunidade, suas descobertas e dificuldades. Lembro de vasculhar a bibliografia espírita em busca de subsídios para minimizar dúvidas e receios quando da prática mediúnica, e excetuando aprendizado generalizado, era difícil encontrar o material procurado, que tratasse especificamente do assunto do modo que sentia necessidade. "Aprendendo com os Espíritos" é esse livro, a resposta que buscava para entender o fenômeno mediúnico que participava, e melhor compreender as diferentes situações por que passam as pessoas dotadas dessa sensibilidade. A narrativa nos conduz a apreciação de situações reais, mascaradas pelo anonimato, como manda a prudência, onde todo aquele leitor curioso por compreender melhor os bastidores e intimidades do intercâmbio mediúnico obterá rica fonte de informações e reflexões. Esperamos que esse singelo trabalho literário possa responder aos anseios dos estudantes da mediunidade, bem como esclarecer os curiosos aprendizes do Espiritismo.

Boa Nova Catanduva-SP | (17) 3531.4444 | boanova@boanova.net
Boa Nova São Paulo-SP | (11) 3104.1270 | boanovasp@boanova.net
Boa Nova Sertãozinho-SP | (16) 3946. 2450 | novavisao@boanova.net